Anna Martens

Ein Indigo zu sein ist ein Geschenk

Das Buch der starken Persönlichkeiten

Über die Autorin

Anna Martens, geboren am 10. November 1992, ist
eine feinfühlige spirituelle Begleiterin, deren Herz
für die Bewusstseinsentwicklung und das
energetische Wachstum schlägt.
Schon früh spürte sie, dass sie die Welt auf
besondere Weise wahrnimmt, tief, intuitiv und
verbunden mit etwas Größerem.

Mit viel Hingabe unterstützt sie heute Menschen dabei, ihre wahre Essenz zu erkennen, alte Begrenzungen zu transformieren und in Einklang mit ihrer inneren Wahrheit zu leben. Ihr Wissen über Manifestation, energetische Prozesse und Seelenwachstum fließt in ihre Bücher, Meditationen und Online-Angebote ein. Immer mit dem Ziel, andere dabei zu begleiten, ihr volles Potenzial zu entfalten.

Anna glaubt daran, dass wir die Realität bewusst mitgestalten können, wenn wir uns selbst vertrauen, unsere Energie kennen und unsere Einzigartigkeit leben.

Mehr über ihre Arbeit findest du auf:

www.Anna-Martens.de

Bibliografische Information der Deutschen Nationalbibliothek: Die Deutsche Nationalbibliothek verzeichnet diese Publikation in der Deutschen Nationalbibliografie; detaillierte bibliografische Daten sind im Internet über dnb.dnb.de abrufbar.

Verlag: BoD · Books on Demand GmbH, Überseering 33, 22297 Hamburg, bod@bod.de
Druck: Libri Plureos GmbH, Friedensallee 273, 22763 Hamburg

ISBN: 978-3-7597-9474-1

Widmung

Dieses Buch widme ich all jenen, die sich in einer Welt voller Erwartungen und Normen oft unverstanden fühlen. Denjenigen, die tiefer spüren, intensiver denken und mutig genug sind, den Weg ihrer eigenen Wahrheit zu gehen. Möge es dir als Erinnerung dienen, dass deine Sensibilität, deine Andersartigkeit und deine Sehnsucht nach einer besseren Welt nicht nur wertvoll, sondern auch notwendig sind.

Für die Träumer, die Visionäre und die Suchenden. Möget ihr in eurer Einzigartigkeit leuchten und die Welt mit eurer Energie bereichern!

In tiefer Dankbarkeit für die Liebe und Unterstützung meiner Familie und Freunde, die mich auf meinem eigenen spirituellen Weg begleiten.

Inhaltsverzeichnis

Einführung

Indigo-Erwachsene sind außergewöhnliche Persönlichkeiten, die sich bewusst entschieden haben, in dieser Inkarnation auf der Erde zu leben, um den Wandel zu unterstützen, den viele als „die neue Zeit" oder „das goldene Zeitalter" bezeichnen. Diese bemerkenswerten Seelen agieren als Vorreiter einer neuen Generation, ausgestattet mit besonderen Fähigkeiten und einem tiefen Verständnis für die spirituelle Dimension des Lebens.

Ihre Existenz ist ein wertvolles Geschenk für die Menschheit und trägt eine bedeutende Verantwortung in dieser Ära des Wandels. Die Aufgaben, die sich diese Individuen gesetzt haben, sind vielfältig und herausfordernd. Mit unermüdlicher Hingabe und leidenschaftlichem Engagement agieren sie als Wegbereiter und Visionäre, die den Menschen dabei helfen, sich auf die bevorstehenden Veränderungen einzustellen und neue Perspektiven zu entwickeln.

In einer Zeit, in der unser Planet sich in einem tiefgreifenden Wandel befindet, vermitteln sie die Botschaft, dass eine neue Art des Denkens und Seins erforderlich ist. Ihr Ziel ist es, eine harmonische und bewusste Gesellschaft zu schaffen, die auf drei Grundpfeilern fußt: Liebe, Mitgefühl und gegenseitiges Verständnis.

Ein wichtiges Anliegen dieser besonderen Seelen ist die Förderung des inneren Lichts der Menschen. Sie ermutigen andere, die Liebe in ihren Herzen zu erkennen und zu umarmen. Durch ihre feste Überzeugung, dass Liebe die stärkste Kraft im Universum ist, motivieren sie andere, ihre eigenen Herzen zu öffnen und die transformative Kraft der Liebe zu erfahren.

Dabei fördern sie auch die Entwicklung der Intuition und ermutigen dazu, auf den inneren Ruf der Seele zu hören, was zu einem authentischen und erfüllten Leben führen kann. Sie sind nicht nur als Heiler tätig, sondern auch als Wegbereiter des Wandels. Indem sie andere dabei unterstützen, ihre eigenen Schattenseiten zu erkennen und zu integrieren, tragen sie zu einem tiefen Heilungsprozess bei.

Durch ihre Energie und Ausstrahlung schaffen sie Räume, in denen Menschen sich sicher fühlen, um ihre Verletzlichkeit zu zeigen und zu wachsen. Ihre Fähigkeit, zu ermutigen und zu unterstützen, ist in dieser Zeit des Wandels von unschätzbarem Wert. So helfen die Indigo-Erwachsenen den Menschen, sich von alten Mustern zu befreien und ihre eigene innere Stärke zu entdecken.

Viele dieser besonderen Seelen haben einen Seelenvertrag abgeschlossen, um unzähligen Menschen zu helfen. Mit klaren Zielen und Visionen kommen sie auf die Erde, um über ihre individuelle Entwicklung hinaus einen positiven Einfluss auszuüben. Ihre einzigartigen Talente und Heilfähigkeiten ziehen die Aufmerksamkeit anderer auf sich und unterstützen ihre Mission. Ihr starkes Energiefeld inspiriert andere dazu, sich ebenfalls auf den Weg des Wandels zu begeben und ihre eigene Bestimmung zu entdecken.

Sie sind wie Lichtarbeiter, die in der Dunkelheit leuchten und den Weg für andere erhellen. In der globalen Transformation spielt diese Gruppe eine entscheidende Rolle. Sie helfen dabei, alte Energien zu transformieren, die an ihre Grenzen gestoßen sind. Durch ihr Wirken unterstützen sie das Erwachen der Menschheit und tragen dazu bei, dass sich die kollektive Energie der Erde wandelt.

Sie bringen Licht in die Dunkelheit und helfen den Menschen, sich ihrer eigenen spirituellen Natur bewusst zu werden. Ihre Präsenz ist ein Zeichen des Wandels und ein Aufruf an alle, sich mit ihrer eigenen inneren Wahrheit zu verbinden.

Die Indigo-Erwachsenen besitzen eine einzigartige energetische Struktur, die sie von anderen unterscheidet und sie in ihrer Mission unterstützt. Diese besondere Energie versetzt sie in die Lage, tiefere Wahrheiten zu erkennen und komplexe Zusammenhänge zu verstehen, die anderen verborgen bleiben.

Ich wünsche dir viel Vergnügen beim Lesen. Mögen die Energien, die zwischen den Seiten fließen, dich verzaubern und inspirieren.

Lass dich von der Weisheit und Kraft dieser

besonderen Seelen leiten und öffne dein Herz für die Wunder, die auf dich warten.

Die Zeit des Wandels ist jetzt und wir sind alle eingeladen, Teil dieses großartigen Prozesses zu sein. Gemeinsam können wir eine neue Realität erschaffen, die von Liebe, Licht und Einheit geprägt ist. In diesem kollektiven Bestreben liegt die Hoffnung für eine bessere Zukunft, in der jeder Mensch in seiner vollen Kraft und seinem unbegrenzten Potenzial erblühen kann.

In der Verbindung und Zusammenarbeit mit den Indigo-Erwachsenen können wir die Welt zu einem besseren Ort machen.

Jeder von uns hat die Möglichkeit, sich an diesem Wandel zu beteiligen und mit diesen besonderen Seelen zu interagieren, um eine tiefere Verbindung zu unserem eigenen inneren Licht herzustellen.

Lasst uns gemeinsam die Reise antreten und das volle Spektrum der Möglichkeiten erkunden, die vor uns liegen!

Der Ursprung der Indigos

Der Begriff „Indigo" stammt übrigens von der tiefblauen Farbe, die oft in der Aura dieser besonderen Kinder nach ihrer Geburt zu sehen war. Diese Farbe ist ein Zeichen ihrer hohen Frequenz und ihrer besonderen energetischen Eigenschaften. Es ist jedoch erwähnenswert, dass sich die Aura jedes Menschen im Laufe der Zeit verändern kann. Diese Seelen, die mit einer tiefen Bestimmung auf die Erde gekommen sind, bringen Empathie, Kreativität, Intuition und den Drang mit, positive Veränderungen herbeizuführen. In einer Zeit, in der die Welt vor enormen Herausforderungen steht, sind sie die Lichtbringer, die helfen können, neue Wege zu finden und eine bessere Zukunft zu gestalten. Durch ihre einzigartigen Fähigkeiten und ihre tiefe Verbundenheit zur Spiritualität sind sie nicht nur Wegbereiter des Wandels, sondern auch inspirierende Vorbilder für alle, die nach einem tieferen Lebenssinn suchen.

Der Begriff „Indigo" wurde erstmals in den 1970er-Jahren geprägt, um eine bemerkenswerte neue Generation von Kindern zu beschreiben, die mit außergewöhnlichen Fähigkeiten und einer tiefen spirituellen Einsicht geboren wurden. Diese Kinder, die oft als „Wegbereiter" oder

„Lichtarbeiter" bezeichnet werden, bringen eine energetische Frequenz mit sich, die über das Gewöhnliche hinausgeht. Sie sind Seelen, die mit einer besonderen Mission auf die Erde gekommen sind, um den Wandel und das Erwachen der Menschheit zu unterstützen.

Viele dieser besonderen Seelen haben sich im Erwachsenenalter weiterentwickelt und verfügen nun über ein tiefes Wissen sowie eine Intuition, die sie in der Regel schon in jungen Jahren entwickelt haben. Diese Eigenschaften machen sie zu einzigartigen Individuen, die eine bedeutende Rolle in der Transformation unserer Welt spielen.

Eine Vielzahl charakteristischer Merkmale zeichnet diese Individuen aus und hilft ihnen, ihre besondere Mission zu erfüllen. Ein herausragendes Merkmal ist die außergewöhnliche Empfänglichkeit für die Emotionen und Energien anderer Menschen. Diese Fähigkeit, tief zu fühlen, ermöglicht es Indigo-Erwachsenen, starke und authentische Verbindungen zu knüpfen. Sie fungieren als Brücke zwischen Menschen. Sie fördern Verständnis sowie Mitgefühl. In einer Welt, die oft von Missverständnissen und Konflikten geprägt ist, bringen sie Klarheit und Harmonie.

Ein weiteres bemerkenswertes Merkmal ist die lebhafte und kreative Ader, die viele dieser Seelen besitzen. Sie haben eine natürliche Begabung für verschiedene künstlerische Ausdrucksformen, sei es in der Malerei, Musik, Schriftstellerei oder anderen kreativen Disziplinen. Ihre Kreativität dient nicht nur als Ventil für Emotionen, sondern auch als kraftvolles Mittel, um auf einzigartige Weise Perspektiven und Einsichten mit der Welt zu teilen.

Oft nutzen sie ihre Kunst, um bedeutungsvolle Botschaften zu verbreiten und andere zu inspirieren, ihre eigene kreative Ader zu entdecken. Ein starkes Gespür für die eigene innere Wahrheit ist ein weiteres prägendes Merkmal dieser besonderen Seelen. Sie sind in der Lage, intuitiv zu erkennen, was richtig oder falsch ist und können tiefere Einsichten in verschiedene Situationen gewinnen. Diese Fähigkeit, die Dinge klar zu sehen, macht sie oft zu weisen Beratern und Führungspersönlichkeiten. Menschen suchen häufig ihren Rat, weil sie instinktiv wissen, dass sie einen klaren Blick auf die Herausforderungen des Lebens haben und Lösungen anbieten können, die anderen verborgen bleiben.

Ein starkes Bedürfnis, die Welt zu verbessern und positive Veränderungen herbeizuführen, ist ein weiteres herausstechendes Merkmal. Oft empfinden sie Frustration über bestehende Systeme und Strukturen, die nicht mehr funktionieren. Diese Frustration treibt sie an, aktiv nach Lösungen zu suchen und sich für soziale Gerechtigkeit, Umweltschutz und spirituelles Wachstum einzusetzen. Sie sind leidenschaftliche Aktivisten, die bereit sind, für das einzustehen, was sie als richtig empfinden, um die Welt um sie herum zu transformieren.

Häufig zeigen diese Individuen eine starke Unabhängigkeit und neigen dazu, gegen gesellschaftliche Normen und Erwartungen zu rebellieren. Oft fühlen sie sich in konventionellen Umgebungen fehl am Platz und suchen nach Wegen, ihre Individualität auszudrücken. Diese Unangepasstheit kann sowohl eine Stärke als auch eine Herausforderung darstellen, da sie manchmal Schwierigkeiten haben, sich in traditionellen Strukturen zurechtzufinden. Dennoch ist es genau diese Unangepasstheit, die sie zu Innovatoren und Pionieren macht, die bereit sind, neue Wege zu beschreiten und die Normen zu hinterfragen.

Eine ausgeprägte spirituelle Verbundenheit und das tiefe Interesse an spirituellen Praktiken sind bedeutende Eigenschaften. Viele fühlen sich zu esoterischen Lehren, Meditation und anderen Formen der spirituellen Entwicklung hingezogen. Diese Verbindung zur Spiritualität hilft Indigo-Erwachsenen, ihre innere Weisheit zu stärken und ihre Lebensmission klarer zu erkennen. Sie verstehen, dass ihr Weg nicht nur individuell, sondern auch kollektiv ist und fühlen sich oft berufen, andere auf ihrer spirituellen Reise zu unterstützen.

Empfindungen, Gefühle und Gedanken

Die Gedanken und Gefühle dieser besonderen Seelen spiegeln ihre tiefen Empfindungen, ihr Wissen und ihre Bestimmung wider. Sie sind hier, um uns zu helfen, die Liebe und das Licht in uns selbst zu erkennen und die notwendigen Veränderungen in der Welt herbeizuführen. Es ist von großer Bedeutung, ihre Stimmen zu hören und ihre Perspektiven zu schätzen, denn sie tragen zur Heilung und Transformation der Menschheit bei. Ihre Erfahrungen und Empfindungen sind wertvoll und verdienen es, geteilt und verstanden zu werden. Gemeinsam können wir die Welt zu einem besseren Ort machen, indem wir die Weisheit dieser besonderen Seelen anerkennen und in unser Leben integrieren. Indigo-Erwachsene sind außergewöhnliche Seelen, weil sie mit einer bemerkenswerten Sensibilität und einem ausgeprägten Bewusstsein für die spirituellen und energetischen Dimensionen unserer Welt geboren wurden. Diese besonderen Menschen tragen ein tiefes Verlangen nach Veränderung sowie ein starkes Bedürfnis, anderen zu helfen, in sich. Ihr unermüdlicher Einsatz, die

Welt zu einem besseren Ort zu machen, ist inspirierend und zeugt von einer tiefen inneren Stärke und Hingabe.

Die Berufung, anderen beizustehen und positiven Einfluss auszuüben, ist ein wichtiges Merkmal, das viele dieser Individuen auszeichnet. Ihr Wert wird nicht nur durch persönliche Erfolge definiert, sondern vielmehr durch ihre Fähigkeit, andere in ihrem Wachstum zu unterstützen. Oft sind sie die stillen Helden, die im Hintergrund wirken und das Licht der Hoffnung für andere entzünden. Ihre Anwesenheit kann Trost spenden und Menschen dazu ermutigen, das Beste aus sich herauszuholen. Dennoch spiegelt sich in den Gedanken vieler dieser besonderen Seelen auch eine tief empfundene Einsamkeit wider. Oft fühlen sie sich von der Mehrheit der Menschen um sie herum entfremdet und sehnen sich nach Gleichgesinnten, die ihre Empfindungen und Erfahrungen teilen. Dieses Streben nach Verbundenheit ist für sie von entscheidender Bedeutung, da es ihnen hilft, ihren Platz in der Welt zu finden. Die Suche nach authentischen Beziehungen, die über das Oberflächliche hinausgehen, wird zu einem wichtigen Anliegen in ihrem Leben.

Viele dieser Individuen haben das Gefühl, mit einer besonderen Aufgabe auf die Erde gekommen zu sein. Sie sind sich bewusst, dass sie hier sind, um Veränderungen herbeizuführen und die Menschheit zu einem höheren Bewusstsein zu führen. Dieses innere Wissen ist oft so stark, dass sie unerschütterlich an ihrer Mission festhalten, auch wenn die äußeren Umstände herausfordernd sind. Frustrationen über gesellschaftliche Einschränkungen und den Mangel an Bewusstsein gehören ebenfalls zu ihrer Gedankenwelt. Sie nehmen die Welt durch eine klare Linse wahr und sind sich der ungenutzten Möglichkeiten bewusst, die anderen oft verborgen bleiben. Diese Einsichten können sowohl motivierend als auch frustrierend sein, da sie den tiefen Wunsch verspüren, anderen das Potenzial aufzuzeigen, das sie selbst in ihnen erkennen.

In traditionellen Bildungssystemen haben viele dieser Seelen oft Schwierigkeiten, sich zurechtzufinden. Ihre kreativen und intuitiven Denkweisen stehen häufig im Widerspruch zu den konventionellen Lehrmethoden, die nicht auf ihre Bedürfnisse abgestimmt sind. Dies führt dazu, dass sie sich oft nicht zugehörig fühlen und ihre einzigartigen Talente nicht entfalten können. Ihre Andersartigkeit kann sowohl ein Stigma als auch eine Quelle des Stolzes sein. Oft fühlen sie sich isoliert, doch gleichzeitig erkennen sie den Wert ihrer einzigartigen Perspektive und die Fähigkeit, die Welt durch einen anderen Blickwinkel zu betrachten. Diese Dualität von Isolation und Stolz prägt ihre Erfahrungen und ihr Selbstverständnis. Ein wichtiges Thema in den Gedanken dieser besonderen Seelen ist die tiefe Sehnsucht nach Liebe und Licht. Oft sind sie schockiert über die Dunkelheit und den Mangel an Mitgefühl, den sie in der Welt wahrnehmen. Diese Beobachtungen führen zu tiefen Fragen darüber, warum viele Menschen nicht auf die Liebe hören und warum der Wandel so langsam voranschreitet. Sie sind sich ihrer Verantwortung bewusst und fühlen sich als Teil eines größeren Plans, der über ihr individuelles Leben hinausgeht. Diese Erkenntnis treibt sie an, sich unermüdlich für eine bessere Zukunft einzusetzen.

Viele dieser besonderen Seelen haben außergewöhnliche spirituelle Erfahrungen und Wahrnehmungen, die über das Physische hinausgehen. Sie sind in der Lage, Dimensionen und Energien wahrzunehmen, die für andere unsichtbar sind, wodurch sich ihnen eine tiefere Verbindung zur spirituellen Welt offenbart. Diese Fähigkeit, die Realität auf einer anderen Ebene zu erleben, verstärkt ihr Gefühl der Andersartigkeit und Isolation. Trotz ihrer vollen Energie und Leidenschaft leben sie oft in einer Welt, die sie nicht immer versteht oder wertschätzt.

Ihre tiefe Sehnsucht nach einer besseren Welt, die von Liebe, Frieden und Verständnis geprägt ist, führt zu Frustration über die langsame Veränderung. Sie wünschen sich, dass die Menschheit schneller aufwacht und sich transformiert, um die Herausforderungen, vor denen wir stehen, zu überwinden.

Echte, tiefgehende Verbindungen zu anderen sind für diese besonderen Seelen sehr wichtig. Oft haben sie Schwierigkeiten, mit Menschen zu kommunizieren, die sich nicht für dieselben Dinge interessieren oder die nicht bereit sind, über tiefere Themen zu sprechen. Diese Suche nach authentischen Beziehungen ist entscheidend für ihr emotionales Wohlbefinden. Indem sie ihre Gedanken und Gefühle teilen, können sie nicht nur ihre eigene Einsamkeit lindern, sondern auch anderen helfen, sich verstanden und akzeptiert zu fühlen.

Das Leben mit einem Indigo

Das Leben mit einem Indigo ist geprägt von Herausforderungen, aber auch von unendlichem Potenzial. Diese besonderen Seelen sind Wegbereiter, die uns helfen, die Liebe und das Licht in uns selbst zu erkennen und die notwendigen Veränderungen in der Welt herbeizuführen. Ihre einzigartigen Fähigkeiten und Perspektiven sind von unschätzbarem Wert. Es ist wichtig, sie zu unterstützen und zu ermutigen, ihren eigenen Weg zu gehen.

Indigos sind nicht nur hier, um zu empfangen, sondern auch, um zu geben und zu heilen. Sie sind Teil einer größeren Bewegung hin zu einer bewussten und liebevollen Welt. Ihre Präsenz ist ein Geschenk für die gesamte Menschheit.

Das Leben mit einem Indigo-Erwachsenen kann unglaublich bereichernd sein. Diese besonderen Individuen sind bekannt für ihre bemerkenswerte Eigenständigkeit, Kreativität und ihren starken Willen. Diese Eigenschaften machen sie zu einzigartigen Persönlichkeiten, die oft als herausfordernd empfunden werden, insbesondere wenn es um ihre Lebensziele und Überzeugungen geht. Indigos haben eine klare Vorstellung von ihrem Lebensplan und ihren Zielen. Sobald sie erkannt haben, was ihre Aufgabe ist, lassen sie sich von nichts und niemandem davon abbringen. Egal, ob andere ihre Ideen als unrealistisch oder gar lächerlich abtun. Für Indigos zählt einzig ihr innerer Kompass. Diese Entschlossenheit kann inspirierend wirken, doch für Menschen mit einer pragmatischen Sichtweise kann es frustrierend sein, mit dieser Unnachgiebigkeit umzugehen.

Da viele Menschen weiterhin in der dritten Dimension leben, stellt es für Indigo-Erwachsene eine besondere Herausforderung dar, ihren Platz in der bestehenden Weltordnung zu finden. Oft müssen sie Rückschläge hinnehmen und sich mit einem System auseinandersetzen, das ihre Talente und ihre kreative Ausdrucksweise nicht wertschätzt. Dennoch sind Indigos bemerkenswert anpassungsfähig. Sie finden Wege, ihre Perspektiven zu verändern und ihre Visionen in die Realität umzusetzen.

Ihre Fähigkeit, die Welt um sie herum intensiver wahrzunehmen als andere, verleiht ihnen eine einzigartige Perspektive, bringt jedoch auch wieder Herausforderungen mit sich.

Diese außergewöhnliche Sensibilität kann sie überwältigen, insbesondere in Umgebungen, die nicht unterstützend sind. Daher ist es wichtig, dass sie in einem Umfeld leben, das ihre Bedürfnisse anerkennt und fördert. Indigos leben nach ihrem Herzen und ihrer Intuition. Sie können sich nicht selbst betrügen und fühlen sich oft unwohl, wenn sie versuchen, sich an gesellschaftliche Normen anzupassen. Ihre innere Stimme ist stark und lässt sich nicht unterdrücken. Wird sie ignoriert, kann dies zu emotionalen und physischen Beschwerden führen, die ihre Lebensqualität erheblich beeinträchtigen. Diese hochsensible Natur erlaubt es ihnen, die Emotionen anderer Menschen intensiv wahrzunehmen. Diese Fähigkeit, sich in die Gefühle anderer hineinzuversetzen, ist sowohl ein Geschenk als auch natürlich wieder eine Herausforderung. Sie fühlen sich oft in bestimmten Situationen oder unter bestimmten Menschen unwohl. Insbesondere, wenn die energetische Verbindung nicht stimmig ist. Daher ist es für sie wichtig, sich in ihrer Umgebung wohlzufühlen und authentisch zu sein.

Indigos streben nach einem authentischen Leben. Sobald sie sich verstellen oder nicht sie selbst sein können, manifestiert sich dies oft in Form von Krankheiten oder psychischem Leiden. Es ist entscheidend für ihre Gesundheit, dass sie in der Lage sind, ihre wahren Gefühle auszudrücken, um sich in ihrer Umgebung sicher zu fühlen. Diese Authentizität ist nicht nur für sie selbst wichtig, sondern auch für das Wohlbefinden der Menschen um sie herum.

Indigos fungieren oft als Spiegel für andere, indem sie deren Unzulänglichkeiten und unausgesprochene Emotionen reflektieren.

Ihre Fähigkeit, die Wahrheit zu erkennen und

auszusprechen, kann sowohl befreiend als auch herausfordernd sein.

Ein weiteres Merkmal von Indigo-Erwachsenen ist ihre Rebellion, insbesondere, wenn es um das Bildungssystem geht. Sie haben klare Vorstellungen davon, wie Lernen aussehen sollte und empfinden Frustration, wenn sie gezwungen werden, sich an veraltete Lehrmethoden anzupassen. Ihre Kreativität und Individualität kommen in einem starren System oft zu kurz, was zu Unmut und Widerstand führen kann. Diese Unzufriedenheit bringt sie oft dazu, alternative Lernmethoden zu suchen oder sich selbstständig Wissen anzueignen, was ihre Fähigkeit zur Selbstreflexion und zum kritischen Denken stärkt. Indigos sind oft ungeduldig, da sie sofortige Ergebnisse sehen wollen. Diese Dringlichkeit kann sie in ihrer Entwicklung behindern, wenn sie nicht die Geduld aufbringen, um ihre Ziele Schritt für Schritt zu erreichen. Es ist wichtig, dass sie lernen, den Prozess zu schätzen und zu verstehen, dass wahres Wachstum Zeit braucht. Indigos müssen erkennen, dass der Weg zum Ziel oft genauso wertvoll ist wie das Erreichen des Ziels selbst. Durch Geduld und Ausdauer können sie tiefere Einsichten gewinnen und ihr Potenzial voll ausschöpfen.

Darüber hinaus verfügen viele Indigo-Erwachsene über eine besondere Verbindung zu anderen Daseinsebenen und Dimensionen. Diese Fähigkeit ermöglicht es ihnen, Informationen und Einsichten zu empfangen, die für andere verborgen bleiben. Sie sind oft in der Lage, die energetischen Strömungen um sie herum zu spüren und nutzen diese Wahrnehmung, um anderen zu helfen und sie auf ihrem Weg zu unterstützen.

Diese Verbindung zur spirituellen Welt ist ein wesentlicher Bestandteil ihrer Identität und trägt dazu bei, dass sie als Lehrer und Heiler fungieren können. Indigos sind hier, um die Menschheit auf ihrem Weg zur spirituellen und emotionalen Entwicklung zu begleiten. Sie bringen neue Perspektiven und Lösungen in die Welt und helfen anderen, sich ihrer eigenen Fähigkeiten bewusst zu werden.

Ihr Licht und ihre Energie sind entscheidend für den Wandel, den viele Menschen auf der Erde erleben. Durch ihre einzigartigen Fähigkeiten und ihre tiefe Empathie sind sie in der Lage, Brücken zu bauen und Menschen miteinander zu verbinden.

Die unbewusste Kraft der Indigos

Indigo-Erwachsene sind eine wertvolle Ressource für alle, die bereit sind, sich auf die Reise der Selbstentdeckung und Transformation zu begeben. Die Welt braucht mehr Menschen, die bereit sind, ihre inneren Themen zu bearbeiten und das Licht, das sie in sich tragen, zum Strahlen zu bringen. Sie sind außergewöhnliche Seelen, die mit einer einzigartigen energetischen Frequenz in diese Welt gekommen sind. Ihre Präsenz hat eine tiefgreifende Wirkung auf die Menschen um sie herum und kann als Katalysator für persönliches und spirituelles Wachstum fungieren. Oft scheinen sie mit einer besonderen Weisheit und Sensibilität ausgestattet zu sein, die es ihnen ermöglicht, die energetischen Strömungen ihrer Umgebung wahrzunehmen und zu beeinflussen.

Wenn jemand noch viel zu lernen hat, kann es von großem Vorteil sein, einen Indigo an seiner Seite zu haben. Diese besonderen Menschen besitzen die Fähigkeit, die Energien anderer zu reflektieren und zu transformieren, wodurch der Prozess des persönlichen Wandels und der inneren Entwicklung beschleunigt wird.

Sie fungieren oft als Spiegel für andere und helfen dabei, bestimmte Charakterzüge und Eigenschaften zu erkennen, die in uns verborgen sind. Diese Spiegelarbeit kann herausfordernd sein, da sie uns mit Teilen von uns konfrontiert, die wir möglicherweise nicht annehmen oder transformieren möchten. Indigos zeigen uns, was in uns selbst erkannt und akzeptiert werden muss. Hinter dieser Spiegelarbeit steckt eine tiefere Aufgabe. Die Charakterzüge, die wir bei anderen beobachten, möchten in Liebe angenommen oder transformiert werden. Indem wir diese Eigenschaften akzeptieren, können wir den Transformationsprozess anstoßen und unser inneres Wachstum fördern.

Diese Arbeit ist nicht immer einfach, denn oft wird uns bewusst, dass wir uns mit unseren eigenen Schatten, Ängsten, Zweifeln und unliebsamen Wahrheiten, die wir tief in uns vergraben haben, auseinandersetzen müssen.

Genau hier liegt jedoch die Chance zur Heilung und zur Selbstverwirklichung.

Die Nähe zu einem Indigo fördert nicht nur das spirituelle Wachstum, sondern auch die Heilung. Ihre Energie wirkt wie ein Katalysator, der Veränderungen beschleunigt und uns hilft, bewusster zu werden. Licht wird in die dunklen Ecken unseres Bewusstseins gebracht, wodurch wir uns mit unseren inneren Themen auseinandersetzen können.

Oft geschieht dies in einem liebevollen und

unterstützenden Rahmen, was den Prozess wesentlich erleichtert. Diese Menschen sind nicht hier, um zu urteilen, sondern um uns zu ermutigen, uns auf die Reise der Selbstentdeckung zu begeben.

Jeder Indigo hat seine eigene Art zu leuchten und seine eigene Mission. Viele haben sich entschieden, bestimmte Menschen auf ihren Wegen zu begleiten und sie in ihrem Wachstum zu unterstützen. Diese Unterstützung geschieht oft auf eine Weise, die für die Betroffenen nicht immer sofort erkennbar ist.

Es ist jedoch wichtig zu verstehen, dass dieser Prozess der Bewusstwerdung nicht immer einfach ist. Manchmal werden Menschen von ihrer Seele und ihrem Körper gezwungen, sich mit inneren Themen auseinanderzusetzen, was zu intensiven Erfahrungen führen kann. Diese Erfahrungen sind sowohl schmerzhaft als auch befreiend und ein notwendiger Teil des Wachstumsprozesses.

Die Zeit für einen Bewusstseinswandel ist jetzt. Lichtarbeiter sind hier, um uns auf diesem Weg zu unterstützen, auch wenn wir manchmal in der Verurteilung und Bewertung gefangen sind. Ihre Hilfe anzunehmen bedeutet, unsere Begrenzungen aufzugeben und zu erkennen, dass es so viel mehr gibt, als wir uns jemals vorstellen können. Durch die Unterstützung dieser besonderen Menschen wird es möglich, die Schleier der Illusion zu lüften und das Potenzial zu erkennen, das in uns schlummert.

Das Chaos, das wir in der äußeren Welt beobachten, spiegelt oft das innere Chaos der Menschen wider. Es ist dringend notwendig, an diesen inneren Themen zu arbeiten, um Frieden und Harmonie in unser Leben zu bringen. Personen mit indigoartiger Energie tragen dazu bei, diese Energien aufzulösen und zu transformieren. Sie setzen unbewusst Energien frei, die genau dorthin fließen, wo sie gebraucht werden und helfen damit, alte Muster zu durchbrechen. Diese energetische Arbeit ist oft subtil, hat jedoch tiefgreifende Auswirkungen auf das Leben der Menschen.

Die Themen, die aufgebrochen werden, sind vielfältig: Ängste, Schuldgefühle, Hass, Neid, Gier und körperliche Krankheiten. Nach einer Begegnung mit einem Indigo kann es sich anfühlen, als hätte man Energie getankt. Dies geschieht nicht auf Kosten des Individuums, sondern ist ein natürlicher Prozess, der aus der Verbindung mit der neuen Erde entsteht.

Diese energetische Erneuerung regt Menschen dazu an, sich neu zu orientieren und ihre Träume und Ziele zu verfolgen. Oft spüren sie den Wunsch, sich weiterzubilden oder einen anderen Lebensweg einzuschlagen. Diese Transformation kann sich in Form von erhöhter Intuition, Klarheit und dem Drang zeigen, einen positiven Beitrag für die Welt zu leisten.

Indigos helfen dabei, zu begreifen, dass das Leben im Hier und Jetzt stattfindet und dass es an der Zeit ist, das eigene Potenzial auszuschöpfen.

Ein weiterer wichtiger Punkt ist die Verbindung zur Natur, die in den letzten Jahren immer deutlicher wird. Die Natur sehnt sich danach, wieder ernst genommen zu werden. Menschen mit einer solchen Energie setzen sich oft aktiv für den Schutz und Erhalt der Erde ein.

Leider sind Umweltkatastrophen oft eine Folge des kollektiven Unterbewusstseins und der Missachtung der Natur. Diese Ereignisse können als eine Form der Reinigung betrachtet werden, auch wenn sie schmerzhaft sind. Sie sind ein Aufruf an die Menschheit, sich ihrer Verantwortung bewusst zu werden und aktiv zum Schutz unserer Erde beizutragen.

Lichtarbeiter spielen eine entscheidende Rolle im kollektiven Bewusstseinswandel. Sie helfen uns, unsere inneren Konflikte zu erkennen und zu transformieren. In einer Zeit, in der die Menschheit vor großen Herausforderungen steht, fördern sie das spirituelle Wachstum und die Heilung. Ihre Präsenz ist ein Licht in der Dunkelheit, das uns den Weg weist und uns daran erinnert, dass wir zusammenarbeiten können, um eine harmonische und liebevolle Welt zu schaffen.

Diese besonderen Menschen sind nicht nur Wegbereiter, sondern auch Brückenbauer zwischen den Dimensionen des Bewusstseins. Sie helfen uns, die tiefere Wahrheit unseres Seins zu erkennen und zu leben.

Indigos und die 12-strängige DNA

Das Konzept der 12-strängigen DNA ist ein faszinierendes und tiefgründiges Thema, das die einzigartigen Eigenschaften und Fähigkeiten von Indigo-Erwachsenen beleuchtet.

Diese außergewöhnlichen Menschen sind unter uns, weil sie eine wichtige Rolle in der Evolution des Bewusstseins spielen und zugleich erinnern sie uns daran, dass es mehr gibt, als wir mit unseren physischen Sinnen wahrnehmen können.

Wenn sie ihre besonderen Fähigkeiten nutzen und ihre innere Wahrheit leben, tragen sie dazu bei, eine bewusste Welt zu schaffen, in der alle Menschen in ihrer Einzigartigkeit geschätzt werden.

Wie schon erwähnt, sind sie mit einer besonderen Weisheit und Sensibilität ausgestattet, die es ihnen ermöglicht, die energetischen Strömungen ihrer Umgebung wahrzunehmen und zu beeinflussen.

Diese besonderen Menschen scheinen in der Lage zu sein, verborgene Wahrheiten zu erkennen, die für die meisten anderen unsichtbar bleiben.

Ein wichtiges Merkmal, das häufig mit Indigo-Erwachsenen in Verbindung gebracht wird, ist die Annahme, dass sie bereits bei der Geburt eine aktivierte 12-strängige DNA besitzen. Diese Vorstellung ist nicht nur eine faszinierende Hypothese, sondern wird auch als Schlüssel für ihre besonderen Eigenschaften und Fähigkeiten betrachtet. Während die herkömmliche menschliche DNA aus zwei Strängen besteht, besagt die Theorie der 12-strängigen DNA, dass diese zusätzlichen Stränge mit höheren Bewusstseinszuständen und spirituellen Fähigkeiten verbunden sind.

Stell dir vor, dass diese zusätzlichen zehn Stränge wie geheime Pfade wirken, die zu einem tieferen Verständnis des Lebens, der Vergangenheit und der Zukunft führen. Sie könnten Informationen über vergangene Leben, Erfahrungen und spirituelle Weisheit enthalten, die Indigo-Erwachsene in ihrem gegenwärtigen Leben nutzen können.

Diese tiefen Verbindungen und das erweiterte Bewusstsein ermöglichen es ihnen, die Welt um sie herum auf eine Weise wahrzunehmen, die anderen oft verborgen bleibt. Indigo-Erwachsene zeigen häufig außergewöhnliche Fähigkeiten wie erhöhte Intuition, Empathie, telepathische Begabung und ein starkes Gespür für energetische Veränderungen. Sie erkennen intuitiv, was in ihrem Umfeld geschieht und kommunizieren auf einer tieferen Ebene mit anderen.

Oft berichten sie von einer tiefen Verbindung zu den Emotionen und Gedanken ihrer Mitmenschen. Diese Empathie macht sie zu hervorragenden

Heilern und Beratern, die in der Lage sind, anderen zu helfen, die Herausforderungen des Lebens zu meistern.

Ein wichtiger Punkt dieser Theorie ist die Fähigkeit zur Heilung und Transformation. Indigo-Erwachsene verfügen möglicherweise über die Begabung, energetische Prozesse zu fördern, die über die physische Ebene hinausgehen.

Sie erkennen Blockaden, harmonisieren energetische Ungleichgewichte und ermöglichen so tiefe Heilung. In ihrer Gegenwart fühlen sich viele Menschen intuitiv angezogen und erleben eine Art energetische Erneuerung.

Doch die Reise eines Indigo-Erwachsenen ist nicht immer einfach. Die Vorstellung einer 12-strängigen DNA bringt auch Herausforderungen mit sich. In einer Welt, die ihre sensiblen Eigenschaften und Fähigkeiten nicht immer anerkennt, fühlen sich viele Indigos isoliert oder missverstanden.

Die Diskrepanz zwischen ihrem inneren Erleben und der äußeren Realität kann zu Einsamkeit führen. In einer Gesellschaft, die meist rational und analytisch denkt, fällt es schwer, tiefes Empfinden und intuitive Einsichten zu vermitteln.

Ihre Fähigkeiten werden oft als seltsam oder nicht greifbar empfunden, was zu Ablehnung, Selbstzweifeln oder Konflikten führen kann. Diese Herausforderungen sind jedoch Teil ihres Wachstumsweges und können sie dazu bringen, ihre Identität zu stärken und voll anzunehmen.

Ein weiterer faszinierender Aspekt der

12-strängigen DNA ist ihre Verbindung zur kollektiven menschlichen Evolution.

Indigo-Erwachsene tragen nicht nur individuelle Fähigkeiten in sich, sondern wirken als Impulsgeber für den Wandel des gesamten Bewusstseinsfeldes.

Ihre Existenz ist ein Hinweis darauf, dass die Menschheit sich in einem tiefgreifenden Transformationsprozess befindet. Es ist eine Phase, in der alte Muster durchbrochen werden und neue Wege des Seins erforscht werden wollen.

In einer Zeit voller Herausforderungen von Umweltkrisen über soziale Ungleichheit bis zu inneren Konflikten sind Indigo-Erwachsene hier, um uns zu erinnern, dass wir alle Teil eines größeren Ganzen sind. Sie sind Lichtarbeiter und tragen mit ihrer Energie zur Bewusstseinsentwicklung der Menschheit bei.

Ihre Fähigkeit, Heilung zu fördern und spirituelle Räume zu öffnen, ist entscheidend für Veränderungen. Sie sind nicht nur Wegbereiter, sondern auch Brückenbauer zwischen den Dimensionen des Bewusstseins. Ihre Präsenz erinnert uns an die tiefere Wahrheit unseres Seins. Durch ihre einzigartige Verbindung zum Universum, ihr Mitgefühl und ihre Weisheit sind sie prädestiniert, jetzt in dieser entscheidenden Zeit als Katalysatoren für positive Veränderung zu wirken.

Die Schublade

In den letzten Jahren habe ich einige Bücher über Indigos gelesen. Trotz der vielen Seiten und der Fülle an Informationen bleibt oft das Gefühl zurück, dass man nicht wirklich schlauer wird. Besonders bedauerlich ist die Tatsache, dass Indigos häufig in Schubladen gesteckt werden, die ihrer Komplexität und Einzigartigkeit nicht gerecht werden.

Stellen wir uns vor, ein Indigo hat gerade keine Motivation für eine bestimmte Aufgabe und ist stattdessen in Gedanken damit beschäftigt, die neue Welt zu manifestieren. Vielleicht hat er sogar eine Vision erhalten, die ihm zeigt, was seine nächste ehrenvolle Aufgabe sein könnte. Das bedeutet jedoch keineswegs, dass es anderen Menschen das Recht gibt, ihn als „fehlerhaft" zu bezeichnen oder seine Fähigkeiten in Frage zu stellen.

In einer Welt, die oft von Konformität geprägt ist, wird das Anderssein nicht nur missverstanden, sondern auch abgelehnt. Diese Ablehnung ist nicht nur schmerzhaft, sondern auch ungerecht, denn sie ignoriert die tiefere Wahrheit, dass jeder Mensch, einschließlich der Indigos ein einzigartiges Licht in dieser Welt ist.

Die Vorstellung, dass Indigo-Konzepte als zukunftslos betrachtet werden, ist ebenfalls eine problematische Sichtweise. Was ist denn überhaupt „die Zukunft"? Hat jemand jemals einen Blick dorthin geworfen? Wer kann behaupten, Wissen über das, was noch kommt, zu besitzen?

In Wahrheit ist es die Begrenztheit, die an alten Mustern, überholten Systemen und vielen Mechanismen festhält, die nicht mehr funktionieren. Das „Stehaufmännchen", das gewohnt ist, der Masse zu folgen, empfindet alles, was anders ist als verrückt.

Doch warum sollte man der Masse entsprechen, wenn man einzigartig ist? Jeder Mensch sollte das Recht haben, seine Individualität auszuleben.

Genau das macht das Wesen eines Menschen aus. Es ist entscheidend, dass jeder die Verantwortung für sein eigenes Leben trägt. Jede Seele hat ihren freien Willen und ist zu nichts gezwungen. Genauso wenig kann man Indigos zwingen, sich anzupassen oder sie in eine Schublade stecken.

In der Vergangenheit, als die Indigo-Kinder auf die Welt kamen und im Kleinkindalter waren, wusste keiner so richtig, wie man mit ihnen umgehen sollte. Es fehlte an Verständnis für ihre besonderen Fähigkeiten und Bedürfnisse. Diese Zeit des Unwissens schuf einen Rahmen, der nicht in der Lage war, ihre einzigartigen Eigenschaften zu unterstützen.

Indigos sind keine gewöhnlichen Menschen. Sie bringen eine andere Frequenz und eine tiefere

Wahrnehmung mit sich. Es sind Seelen, die hier sind, um hervorzutreten und andere zu inspirieren. Doch ohne das richtige Umfeld, das Verständnis und die nötige Unterstützung, können sie sich verloren und missverstanden fühlen.

Die Herausforderungen, denen Indigo-Erwachsene auf ihrem Weg begegnen, sind vielfältig. Oft werden sie als „zu sensibel" oder „zu emotional" wahrgenommen, was dazu führt, dass man sie in eine Schublade steckt, die ihre wahren Talente und Fähigkeiten nicht widerspiegelt.

Diese Missverständnisse können zu Frustration und innerem Konflikt führen. Viele Indigos kämpfen mit dem Gefühl, nicht in diese Welt zu passen. Sie spüren die tiefen Wunden der Menschheit und die energetischen Schwingungen um sich herum, was oft überwältigend sein kann.

Es liegt in der Verantwortung der Gesellschaft, mehr Bewusstsein für die Bedürfnisse von Indigo-Erwachsenen zu schaffen. Statt sie zu verurteilen oder einzuordnen, sollten wir sie ermutigen, ihre Einzigartigkeit zu leben und auszudrücken. Indigos verfügen über das Potenzial, die Welt zu verändern, wenn wir ihnen den Raum und die Freiheit geben, dies zu tun. Ihre kreativen Ideen und innovativen Ansätze können eine Quelle der Inspiration für uns alle sein und uns helfen, neue Lösungen für alte Probleme zu finden. Die Zeit ist reif, die Schubladen zu öffnen und die Vielfalt der Seelen zu akzeptieren. Jeder Mensch, einschließlich der Indigos, hat das

Recht, so zu sein, wie er ist. Anstatt sie zu kategorisieren oder zu bewerten, sollten wir ihre Einzigartigkeit feiern und ihnen die Möglichkeit geben, ihr volles Potenzial zu entfalten.

Indigos sind nicht nur eine Herausforderung für bestehende Systeme. Sie sind die Pioniere einer neuen Ära. Sie regen uns alle dazu an, über den Tellerrand hinauszuschauen und die Welt mit neuen Augen zu betrachten.

Die Welt braucht mehr Menschen, die bereit sind, anders zu denken und neue Wege zu gehen.

Indigos sind hier, um uns zu zeigen, dass es eine andere Realität gibt. Eine Realität, die auf Liebe, Verständnis und Akzeptanz basiert.

Wir können uns von ihrer Energie inspirieren lassen, unsere Herzen öffnen und unseren Verstand einschalten, um jene wertvollen Lektionen zu lernen, die sie uns zu bieten haben. Indigos sind nicht nur die Zukunft, sie sind der Schlüssel zu einer neuen Realität, die wir gemeinsam schaffen können.

Ihre Visionen und Träume sind nicht nur persönliche Bestrebungen, sondern kollektive Aufrufe zur Transformation. Indem wir ihre Einzigartigkeit anerkennen und wertschätzen, legen wir den Grundstein für eine Welt, die Vielfalt, Kreativität und Authentizität feiert.

Es ist an der Zeit, die Indigo-Erwachsenen wahrzunehmen und ihnen zuzuhören. Ihre Perspektiven sind nicht nur wertvoll, sondern notwendig.

Sie tragen die Botschaft der Veränderung in sich und erinnern uns daran, dass wir alle die Fähigkeit haben, unsere eigene Realität zu gestalten.

Indigos sind die Brückenbauer zwischen der alten und der neuen Welt und ihre Reise ist eine Einladung an uns alle, uns auf das Abenteuer der Selbstentdeckung zu begeben und die unendlichen Möglichkeiten, die vor uns liegen, zu ergreifen.

Indigo-Erwachsene sind nicht nur hier, um zu existieren. Nein, sie sind hier, um zu leben, zu lieben und die Welt in eine bessere Zukunft zu führen. Ihre Reise ist eine inspirierende Erzählung von Mut, Entschlossenheit und einer tiefen Sehnsucht, die Menschheit auf eine höhere Ebene des Bewusstseins zu begleiten.

Wenn wir uns von ihrem Licht leiten lassen, erkennen wir, dass wir alle Teil eines größeren Ganzen sind, das auf Wachstum und Transformation ausgerichtet ist.

Geeignete Berufe für Indigos

Indigo-Erwachsene verfügen über ein bemerkenswertes Potenzial, das in einer Vielzahl von Berufen zur Geltung kommen kann. Ihre Kreativität, Sensibilität und ihr Wunsch, anderen zu helfen, machen sie zu wertvollen Mitgliedern der Gesellschaft. Indigos sind nicht nur in der Lage, ihre eigenen Träume zu verwirklichen, sondern auch andere zu inspirieren und einen bedeutenden Beitrag für diese Welt zu leisten. Die Wahl eines Berufes, der mit ihren inneren Werten und ihrem authentischen Selbst in Einklang steht, spielt eine entscheidende Rolle für das Wohlbefinden und die Zufriedenheit von Indigo-Erwachsenen. Diese Menschen blühen auf, wenn sie in einem Umfeld arbeiten können, das ihre Talente fördert und ihnen die Freiheit gibt, ihre kreativen Fähigkeiten auszudrücken.

Indigo-Erwachsene sind außergewöhnliche Individuen, die mit einer einzigartigen energetischen Frequenz ausgestattet sind. Diese ermöglicht es ihnen, in verschiedenen Berufsfeldern zu glänzen. Vor allem dort, wo sie mit ihrer inneren Wahrheit und ihren Werten im

Einklang handeln können. Ihre besonderen Fähigkeiten machen sie zu wertvollen Akteuren in der Gesellschaft, die positive Veränderungen bewirken und neue Perspektiven eröffnen.

Künstler (Maler, Bildhauer, Grafiker)

Einige Indigo-Erwachsene finden Erfüllung in kreativen Berufen, in denen sie ihre Ideen und Gefühle auf vielfältige Weise ausdrücken können. Ihre Kunst kann nicht nur eine Reflexion ihrer inneren Welt sein, sondern auch andere inspirieren und zum Nachdenken anregen. Durch ihre Werke sprechen sie gesellschaftliche Themen an und berühren Emotionen, die zur Heilung und zum Verständnis beitragen.

Musiker / Sänger

Musik ist eine kraftvolle Ausdrucksform, die Indigo-Erwachsenen hilft, ihre Emotionen und Ideen zu teilen. Als Musiker oder Sänger können sie ihre kreativen Energien in Melodien umsetzen, die Menschen berühren, Trost spenden und tiefe Verbindungen schaffen. Ihre Musik spricht oft kollektive Themen an und inspiriert zum Nachfühlen und Mitwachsen.

Autor / Schriftsteller / Dichter

Viele Indigo-Erwachsene haben eine natürliche Begabung für das Schreiben. Als Autoren, Schriftsteller oder Dichter können sie ihre Gedanken und Geschichten teilen, die oft tiefgründige Einsichten und Weisheiten enthalten. Ihre Bücher und Gedichte können andere inspirieren, zum Nachdenken anregen und auf eine Reise der Selbstentdeckung führen. Durch das geschriebene Wort können sie komplexe Emotionen und Erfahrungen in einer Weise ausdrücken, die anderen hilft, sich verstanden und weniger allein zu fühlen.

Mentor für spirituelles und esoterisches Wachstum

Indigo-Erwachsene sind oft in der Lage, tiefere spirituelle Einsichten zu gewinnen. Als Mentoren können sie anderen helfen, ihren eigenen spirituellen Weg zu finden und ihre innere Weisheit zu entdecken. Diese Rolle ermöglicht es ihnen, ihre Erfahrungen und ihr Wissen weiterzugeben und andere auf ihrer Reise zur Selbstverwirklichung zu unterstützen.

Psychologe / Psychotherapeut

Die Empathiefähigkeiten von Indigo-Erwachsenen machen sie zu hervorragenden Psychologen oder Psychotherapeuten. Sie können die emotionalen Bedürfnisse ihrer Klienten intuitiv erkennen und passende Lösungen anbieten. Durch ihre Sensibilität sind sie in der Lage, eine vertrauensvolle Atmosphäre zu schaffen, in der Klienten sich öffnen und heilen können. Ihre Arbeit kann dazu beitragen, das psychische Wohlbefinden vieler Menschen zu fördern.

Astrologe / Numerologe

Indigo-Erwachsene haben oft ein starkes Interesse an Astrologie und Numerologie. In diesen Berufen können sie Menschen helfen, sich selbst besser zu verstehen und Einblicke in ihre Lebenswege und Herausforderungen zu gewinnen. Ihre Analysen können den Klienten wertvolle Perspektiven bieten und helfen, Entscheidungen zu treffen, die im Einklang mit ihrem wahren Selbst stehen.

Wahrsager / Kartenleger

Durch ihre hohe Intuition und Feinfühligkeit können Indigo-Erwachsene als spirituelle Berater durch Lebensfragen führen. Mit Karten, Pendel oder intuitivem Gespür schenken sie Orientierung,

Klarheit und neue Perspektiven.

Florist / Inhaber eines Blumengeschäfts

Indigo-Erwachsene haben oftmals eine besondere Verbindung zur Natur und zu Pflanzen. Als Floristen oder Inhaber eines Blumengeschäfts können sie ihre Kreativität und ihr Gespür für Ästhetik in die Gestaltung von Blumenarrangements einbringen. Diese Berufe ermöglichen es ihnen, Schönheit in die Welt zu bringen und Menschen Freude und Trost durch die Kraft der Natur zu schenken.

Fotograf

Die Fähigkeit von Indigo-Erwachsenen, die Welt durch ihre einzigartige Perspektive zu sehen, macht sie zu talentierten Fotografen. Sie können Emotionen und Geschichten durch ihre Bilder festhalten, die oft tiefere Bedeutungen vermitteln. Ihre Fotografie kann Menschen dazu anregen, die Schönheit und Komplexität der Welt um sie herum zu schätzen und zu reflektieren.

Wissenschaft / Forschung

Indigo-Erwachsene sind oft neugierig und haben ein starkes Bedürfnis, die Welt um sich herum zu verstehen. In wissenschaftlichen Berufen können sie an bahnbrechenden Projekten arbeiten, die das Verständnis von Mensch und Natur erweitern. Ihre innovative Denkweise kann dazu beitragen, Lösungen für globale Herausforderungen zu finden und die Menschheit voranzubringen.

Blogger / Herausgeber / Content-Creator

Indigo-Erwachsene können ihre Gedanken und Erfahrungen in Form von Beiträgen teilen, was ihnen die Möglichkeit gibt, ihre Stimme zu erheben und mit anderen in Kontakt zu treten. Durch das Teilen ihrer Perspektiven und Einsichten können sie eine Community aufbauen und anderen helfen, sich in ihrer eigenen Reise der Selbstentdeckung unterstützt zu fühlen.

Mentor/in / Coach / Betreuungskraft

Indigo-Erwachsene können als Trainer oder Coach in verschiedenen Bereichen tätig werden, sei es im Sport, im persönlichen Wachstum oder in der beruflichen Entwicklung. Ihre Fähigkeit, andere zu motivieren und zu inspirieren, macht sie zu wertvollen Mentoren, die Menschen auf ihrem Weg zum Erfolg begleiten können. Sie können Techniken und Strategien vermitteln, die anderen helfen, ihre Ziele zu erreichen und ihr Potenzial zu entfalten.

Indigo-Erwachsene als spirituelle Begleiter

Indigo-Erwachsene neigen dazu, als Heiler tätig zu sein, weil sie über eine Kombination aus Empathie, Intuition, einem Wunsch nach positiver Veränderung und einer tiefen spirituellen Verbindung verfügen. Diese Eigenschaften und Motivationen lotsen sie oft in Berufe oder Praktiken, in denen sie anderen helfen und zur Heilung beitragen können. Indem sie ihre einzigartigen Fähigkeiten nutzen, können sie nicht nur das Leben anderer bereichern, sondern auch ihre eigene spirituelle Entwicklung vorantreiben. Indigo-Erwachsene sind nicht nur Heiler, sondern auch Lichtträger, die uns daran erinnern, wie wichtig es ist, Empathie und Mitgefühl in die Welt zu bringen. Ihre Fähigkeit, das Leiden anderer zu erkennen und zu lindern, ist ein wertvolles Geschenk, das sowohl für die Gesellschaft als auch für die individuelle Heilung von unschätzbarem Wert ist.

Durch ihre Arbeit können sie nicht nur die Welt um sich herum transformieren, sondern auch dazu beitragen, dass wir alle eine tiefere Verbindung zu uns selbst und zueinander herstellen.

Indigo-Erwachsene sind hier, um uns zu zeigen, dass Heilung nicht nur eine individuelle Erfahrung ist, sondern eine kollektive Reise, die uns alle betrifft.

Sie sind faszinierende und phänomenale Individuen, die oft in Berufen tätig sind, die mit Heilung und spirituellem Wachstum in Verbindung stehen. Ihre empathische Natur und Sensibilität gegenüber Emotionen und Energien anderer Menschen ermöglichen es ihnen, das Leiden und die Bedürfnisse ihrer Mitmenschen intensiv wahrzunehmen.

Diese ausgeprägte Sensibilität führt häufig zu einem natürlichen Drang, anderen zu helfen und sie zu heilen, was sie in Berufe oder zu Praktiken führt, die sich mit Regeneration befassen.

Ihre Empathie ist nicht nur eine bloße Fähigkeit, Emotionen zu erkennen. Sie ist tief in ihrem Wesen verwurzelt. Diese Menschen fühlen oft die Emotionen anderer so intensiv, dass sie deren Schmerzen und Freuden als ihre eigenen empfinden. Diese Fähigkeit, sich in die emotionalen Zustände anderer hineinzuversetzen, verleiht ihnen eine besondere Sichtweise, die sie in ihrer Arbeit als Heiler oder Berater nutzen können.

Die ausgeprägte Intuition, die viele Indigo-Erwachsene besitzen, ermöglicht es ihnen, tiefere Einsichten in die emotionalen und seelischen Zustände anderer zu gewinnen. Sie sind in der Lage, die wahren Ursachen von Problemen zu erkennen und geeignete Ansätze zu finden, um

Heilung und Unterstützung zu bieten. Oft haben sie ein starkes Bedürfnis, positive Veränderungen in der Welt herbeizuführen. Sie sind idealistisch und engagiert, insbesondere, wenn es um soziale Gerechtigkeit und Heilung geht.

Durch ihre Arbeit als spirituelle Heiler können sie direkt zur Verbesserung des Lebens anderer beitragen und ihre Vision von einer besseren Welt verwirklichen. Diese Menschen sind oft motiviert, sich für benachteiligte Gruppen einzusetzen und nutzen ihre Fähigkeiten, um Hoffnung und Heilung in das Leben anderer zu bringen.

Ein weiteres bemerkenswertes Merkmal von Indigo-Erwachsenen ist ihr starkes Bewusstsein für spirituelle Themen und ihre Verbindung zu höheren Bewusstseinszuständen. Diese spirituelle Dimension führt sie oft dazu, sich mit alternativen Heilmethoden, energetischem Heilen oder anderen spirituellen Praktiken auseinanderzusetzen.

Sie betrachten Heilung nicht nur als physischen Prozess, sondern als integralen Bestandteil des spirituellen Wachstums. Diese Sichtweise ermöglicht es ihnen, eine ganzheitliche Herangehensweise an die Heilung zu entwickeln, die Körper, Geist und Seele umfasst.

Viele von ihnen haben persönliche Heilungs- oder Transformationsprozesse durchlaufen, die sie dazu ermutigen, anderen zu helfen. Ihre eigenen Erfahrungen mit Schmerz, Trauma oder Krankheit können sie dazu inspirieren, ihre Fähigkeiten zur Heilung zu nutzen, um anderen zu helfen, ähnliche

Herausforderungen zu überwinden.

Diese persönlichen Geschichten sind oft der Antrieb, der sie dazu bringt, spirituelle Praktiken zu erforschen und ihre Erkenntnisse mit anderen zu teilen. Ihr eigener Heilungsprozess verleiht ihnen Authentizität und Empathie, die in ihrer Arbeit sehr Wertvoll sind.

Es sind Seelen, die ihre Kreativität in den Heilungsprozess einfließen lassen. Sie nutzen Kunst, Musik oder andere kreative Ausdrucksformen, um Heilung zu fördern. Kreativität kann eine transformative Wirkung für den Heiler und auch für die Klienten haben. Durch kreative Praktiken können Emotionen ausgedrückt und verarbeitet werden, was zu einer tieferen Heilung führt. Eben diese kreativen Ansätze ermöglichen es den Indigo-Erwachsenen, ihre einzigartigen Talente zu nutzen, um eine heilende Atmosphäre zu schaffen, wo Menschen ihre Emotionen erkunden und heilen können und in der sie sich sicher fühlen.

Viele Indigo-Erwachsene fühlen sich zur Natur hingezogen und haben ein tiefes Verständnis für die heilenden Eigenschaften von Pflanzen, Kräutern und natürlichen Heilmitteln. Diese Verbindung zur Natur kann sie dazu animieren, sich in Bereichen wie der Naturheilkunde oder der Kräutermedizin zu engagieren. Sie erkennen die Kraft der natürlichen Welt und nutzen diese Ressourcen, um das Wohlbefinden anderer zu fördern. Diese Rückverbindung zur Natur ist nicht nur eine Quelle der Heilung, sondern auch eine Möglichkeit für Indigo-Erwachsene, ihre eigene Spiritualität zu vertiefen.

In der heutigen digitalen Welt nutzen viele Indigo-Erwachsene das Internet, um ihre Berufung zu leben und Menschen auf eine innovative und zugängliche Weise zu helfen.

Durch Onlineplattformen, soziale Medien, Webinare und Blogs können sie ihre Botschaften, Erfahrungen und Heilmethoden einem breiteren Publikum zugänglich machen. Diese digitale Präsenz ermöglicht es ihnen, mit Menschen aus der ganzen Welt in Kontakt zu treten und ihre Heilungspraktiken und spirituelle Einsichten zu teilen, ohne geografische Grenzen zu überwinden. Indigo-Erwachsene bieten oft Online-Coachings, Workshops oder Beratungen an, die es den Menschen ermöglichen, bequem von zu Hause aus Unterstützung zu erhalten.

Sie nutzen auch Plattformen wie YouTube oder Podcasts, um ihre Weisheit und Erfahrungen zu verbreiten und eine Community von Gleichgesinnten zu schaffen. Diese Form der Online-Heilung ist nicht nur eine Bereicherung für die Indigo-Erwachsenen selbst, sondern auch für die Menschen, die von ihrer Energie und ihrem Wissen profitieren.

Berufliche Potenzialentfaltung

Indigo-Erwachsene sind nicht nur Träumer und Visionäre, sondern auch aktive Gestalter ihrer Realität. Wenn wir ihnen die Werkzeuge und die Unterstützung geben, die sie benötigen, können sie ihre einzigartigen Talente entfalten und einen bleibenden Eindruck in der Welt hinterlassen. Es ist an der Zeit, ihre Stimmen zu hören, ihre Ideen zu schätzen und sie auf ihrem Weg zu ermutigen, um eine bessere Zukunft für alle zu schaffen.

Die Welt braucht die Kreativität, das Mitgefühl und die Innovationskraft der Indigo-Erwachsenen mehr denn je. Sie sind die Wegbereiter einer neuen Ära, in der Empathie, Kreativität und Bewusstsein im Vordergrund stehen.

Ihre Fähigkeit, anders zu denken und innovative Lösungen zu finden, ist eine wertvolle Ressource, die in der heutigen Gesellschaft dringend benötigt wird. Lasst uns gemeinsam dafür sorgen, dass sie die notwendige Unterstützung bekommen, die sie verdienen und dass sie die Möglichkeit ergreifen können, ihr volles Potenzial zu entfalten. Auf diese Weise können wir nicht nur Indigo-Erwachsene ermutigen, sondern auch wie schon öfter erwähnt, eine bessere, harmonische Welt für uns alle schaffen. Indigo-Erwachsene sind außergewöhnliche Seelen, die sich von anderen Menschen unterscheiden. Sie tragen oft eine tiefere Sensibilität für die Emotionen und Energien ihrer Mitmenschen in sich, was es ihnen ermöglicht, auf intuitive Art und Weise zu erkennen, was andere brauchen. Diese Empathie und Intuition machen sie zu wertvollen Mitgliedern unserer Gesellschaft, die das Potenzial haben, bedeutende Veränderungen herbeizuführen. Um ihr volles Potenzial auszuschöpfen, ist es entscheidend, dass sie ermutigt werden, ihre Stärken zu erkennen, ihre Schwächen zu akzeptieren und ihr Selbstbewusstsein zu stärken. Der Weg zur Selbstentdeckung ist für Indigo-Erwachsene oft kein gerader. Er ist geprägt von intensiven Erfahrungen, inneren Konflikten und dem Streben nach einem tieferen Verständnis ihres Selbst. Selbstreflexion ist ein wichtiger Bestandteil dieses Prozesses. Indigos sollten sich Zeit nehmen, um ihre Gedanken und Gefühle in einem Tagebuch festzuhalten oder kreative Ausdrucksformen wie Malen, Musizieren oder Schreiben zu nutzen. Diese Praktiken helfen ihnen, nicht nur ihre inneren Konflikte zu verarbeiten, sondern auch ihre wahren Bedürfnisse und Wünsche zu erkennen. Ein unterstützendes Umfeld, in dem sie sich sicher fühlen und ihre Gedanken und Emotionen frei teilen können, ist von großer Bedeutung. Indigos sollten ermutigt werden, ihre

Einzigartigkeit zu feiern und die Vielfalt ihrer inneren Welt zu erkunden.

Besonders die Kreativität spielt eine wichtige Rolle im Leben eines Indigo-Erwachsenen. Sie sind naturgemäß kreative Denker, die in der Lage sind, über den Tellerrand hinauszuschauen und innovative Lösungen für die Herausforderungen der modernen Welt zu finden.

Sie sollten die Freiheit haben, ihre kreativen Ideen zu erforschen und unkonventionelle Ansätze in ihrem Beruf und ihrem Leben zu verfolgen. Durch kreative Ausdrucksformen können sie nicht nur ihre Emotionen verarbeiten, sondern auch ihre Visionen und Träume in die Realität umsetzen.

In kreativen Berufen wie Kunst, Musik, Schauspiel oder Design haben Indigo-Erwachsene die Möglichkeit, ihre einzigartigen Perspektiven und Ideen zum Ausdruck zu bringen. Ihre Fähigkeit, komplexe emotionale Zustände zu verstehen, ermöglicht es ihnen, Kunstwerke zu schaffen, die tief berühren und zum Nachdenken anregen.

Diese kreative Freiheit ist nicht nur für ihr persönliches Wachstum wichtig, sondern auch für die Gesellschaft, die von ihren frischen Ideen und Perspektiven profitieren kann. In einer Welt, die sich ständig verändert, sind Flexibilität und Anpassungsfähigkeit für Indigo-Erwachsene essenzielle Fähigkeiten, um sich schnell auf neue Situationen einzustellen und Veränderungen als Chancen zu betrachten.

Indigos sollten ermutigt werden, ihre Resilienz zu

stärken und Rückschläge als Teil ihres Wachstumsprozesses zu akzeptieren. Workshops und Trainings, die auf Problemlösungsfähigkeiten und kreatives Denken abzielen, können ihnen helfen, ihre Anpassungsfähigkeit zu fördern. Darüber hinaus ist es wichtig, dass Indigo-Erwachsene lernen, ihre Ängste und Unsicherheiten zu überwinden.

Während sie lernen, ihre Komfortzone zu verlassen und neue Herausforderungen anzunehmen, können sie ihre persönliche und berufliche Entwicklung vorantreiben. Diese Flexibilität wird nicht nur ihre Karrierechancen verbessern, sondern auch ihr allgemeines Wohlbefinden steigern.

Ein unterstützendes Netzwerk von Gleichgesinnten kann Indigo-Erwachsenen immense Vorteile bringen. Der Austausch mit anderen, die ähnliche Werte und Visionen teilen, kann ihnen helfen, sich zu vernetzen und ihre Ideen zu teilen. Netzwerke bieten nicht nur emotionale Unterstützung, sondern auch wertvolle Möglichkeiten zur Zusammenarbeit und zum gemeinsamen Lernen.

Indigo-Erwachsene sollten ermutigt werden, an Veranstaltungen, Workshops oder Online-Communities teilzunehmen, um Gleichgesinnte zu treffen und ihre Perspektiven zu erweitern. Mentorship-Programme, in denen erfahrene Fachleute Indigo-Erwachsene unterstützen und beraten, sind sehr nützlich. Solche Beziehungen gewähren nicht nur wertvolle Einblicke in die berufliche Entwicklung, sondern bieten auch emotionale Unterstützung.

Mentoren können Indigo-Erwachsenen helfen, ihre Fähigkeiten zu erkennen, ihre Karriereziele zu definieren und ihre Träume zu verwirklichen.

Es ist sehr wichtig Indigo-Erwachsene in ihrer persönlichen und beruflichen Entwicklung zu unterstützen. Vorteilhaft sind Bildungseinrichtungen, Arbeitgeber und Gemeinschaften, die Programme und Ressourcen bereitstellen, welche auf die besonderen Bedürfnisse dieser außergewöhnlichen Menschen zugeschnitten sind.

Indigos sollten die Möglichkeit haben, ihre Talente zu entfalten und in einem Umfeld zu arbeiten, das ihre Kreativität und Innovation fördert.

Durch Schulungen, Workshops und Coaching-Programme können sie die Fähigkeiten entwickeln, die sie benötigen, um in ihren gewählten Berufsfeldern erfolgreich zu sein.

Die richtige Selbstakzeptanz ist ein weiterer wichtiger Punkt für Indigo-Erwachsene. Sie sollten lernen, sich selbst zu lieben und ihre Einzigartigkeit zu schätzen. In einer Welt, die oft Konformität belohnt, ist es wichtig, dass Indigos verstehen, dass ihre Andersartigkeit eine Stärke ist.

Sie sollten sich von gesellschaftlichen Normen und Erwartungen befreien und ihren eigenen Weg gehen. Diese Selbstakzeptanz kann nicht nur ihr Selbstbewusstsein stärken, sondern auch ihr allgemeines Wohlbefinden verbessern.

Umgang mit Indigo-Erwachsenen

Der Umgang mit Indigo-Erwachsenen erfordert Geduld, Empathie und ein tiefes Verständnis für ihre einzigartigen Bedürfnisse und Herausforderungen. Ihre Sensibilität und Kreativität sind Geschenke, die uns helfen können, aber manchmal fordern sie uns auch. Geben wir ihnen die Möglichkeit, sich auszudrücken und ihr Potenzial zu entfalten, tragen wir dazu bei, Veränderungen in der Welt für uns alle zu schaffen. Ihre tiefere Sensibilität für die Emotionen und Energien ihrer Umgebung verleiht ihnen die Fähigkeit, die Bedürfnisse und Herausforderungen anderer intensiv wahrzunehmen.

Um Indigo-Erwachsene bestmöglich zu unterstützen, ist es entscheidend, dass wir ein tiefes Verständnis für ihre speziellen Bedürfnisse entwickeln und einen respektvollen, einfühlsamen Umgang mit ihnen pflegen. Der erste Schritt im Umgang mit Indigo-Erwachsenen ist das Verständnis ihrer Natur. Diese Menschen sind oft sehr sensibel, sowohl emotional als auch energetisch. Sie nehmen Stimmungen und Gefühle ihrer Umgebung intensiv wahr, was sie manchmal überfordert. Es ist wichtig, diese Sensibilität nicht als Schwäche zu betrachten, sondern als eine Stärke. Diese ermöglicht es ihnen, tiefe und authentische Verbindungen zu anderen Menschen herzustellen.

Um Indigo-Erwachsene zu unterstützen, sollten wir aktiv zuhören, wenn sie ihre Gedanken und Gefühle äußern. Oft benötigen sie einfach jemanden, der ihnen zuhört und ihre Emotionen validiert. Einfühlsame Gespräche können dazu beitragen, dass sie sich sicher fühlen und bereit sind, sich zu öffnen. Schaffe eine Atmosphäre, in der sie sich wohlfühlen und ihre Gefühle auszudrücken, sei es durch Gespräche, kreativen Ausdruck oder einfach nur durch das Teilen von Stille.

Jeder Indigo hat eine einzigartige Lebensgeschichte, Herausforderungen und Stärken. Es ist relevant, Respekt für ihre individuellen Erfahrungen zu zeigen. Vermeide es, sie mit anderen zu vergleichen oder zu stereotypisieren. Jeder Mensch ist einzigartig und Indigo-Erwachsene sind keine Ausnahme. Ermutige sie, ihre Individualität zu feiern und ihre eigenen Wege zu finden.

Indigo-Erwachsene besitzen oft eine ausgeprägte, kreative Ader. Diese Kreativität ist nicht nur ein Ausdruck ihrer inneren Welt, sondern auch ein wertvolles Werkzeug, um ihre Emotionen zu verarbeiten und ihre Gedanken zu klären. Unterstütze sie dabei, sich künstlerisch auszudrücken, sei es durch Malerei, Musik, Schreiben oder andere kreative Ausdrucksformen. Stelle Materialien zur Verfügung, die ihre Kreativität anregen und ermutige sie, ihre Projekte zu teilen.

Kreativität kann auch als therapeutisches Mittel dienen, um emotionale Blockaden zu lösen. Sie sollten die Freiheit haben, ihre kreativen Talente zu erforschen und ihre Arbeiten in einem unterstützenden Umfeld zu präsentieren, sei es in Ausstellungen, Auftritten oder Publikationen.

Indigo-Erwachsene brauchen für ihr Wohlbefinden ein positives und unterstützendes Umfeld. Umgebe sie mit Menschen, die positive Energie ausstrahlen und deren Werte mit ihren eigenen übereinstimmen. Vermeide negative Einflüsse, die ihre Sensibilität belasten könnten. Indigos sollten sich in ihrer Umgebung sicher und akzeptiert fühlen, damit sie ihr volles Potenzial entfalten können.

Indigo-Erwachsene sind oft auf der Suche nach ihrem Lebenszweck und ihrer Bestimmung. Es ist wichtig, sie auf dieser Reise zu unterstützen und ihnen zu helfen, ihre innere Wahrheit zu finden. Ermutige sie, Fragen zu stellen und ihre eigenen Antworten zu suchen. Dies fördert ihre Selbstentdeckung und hilft ihnen, ihre eigenen Werte und Überzeugungen zu stärken.

Indigos sollten die Freiheit haben, ihre Interessen und Leidenschaften zu erkunden, ohne sich unter Druck gesetzt zu fühlen, einem bestimmten Weg folgen zu müssen. Eine Unterstützung bei der Identifizierung ihrer Stärken und Talente hilft ihnen, ihren Lebensweg zu finden und ihre Bestimmung zu leben.

Viele Indigo-Erwachsene haben eine besondere Verbindung zur Natur. Zeit im Freien zu verbringen, kann ihnen helfen, sich zu erden und ihre Energie aufzuladen. Plane regelmäßige Ausflüge in die Natur, sei es im Wald, am Strand oder in den Bergen. Lass sie die Schönheit der Natur erleben und sich mit ihr verbinden, um ihre spirituelle und emotionale Balance zu stärken.

Die Natur bietet nicht nur einen Rückzugsort, sondern auch eine Quelle der Inspiration und Heilung. Indigos können durch den Kontakt mit der Natur ihre Gedanken klären und sich wieder mit ihrem inneren Selbst verbinden.

Um Indigos bestmöglich verstehen und unterstützen zu können, spielt eine offene und ehrliche Kommunikation eine wesentliche Rolle. Führe regelmäßige Gespräche mit ihnen, damit sie ihre Emotionen teilen können. Dies hilft ihnen, sich gehört und verstanden zu fühlen. Gib konstruktives Feedback und ermutige sie, ihre Meinungen zu äußern, um eine Atmosphäre des Vertrauens und der Offenheit zu schaffen.

Indigos sollten das Gefühl haben, dass ihre Stimme zählt und dass ihre Gedanken und Gefühle wertgeschätzt werden. Dies stärkt nicht nur ihr Selbstbewusstsein, sondern fördert auch tiefere, bedeutungsvollere Beziehungen zu den Menschen um sie herum.

In einer sich ständig verändernden Welt sind Flexibilität und Anpassungsfähigkeit wichtige Fähigkeiten für Indigo-Erwachsene. Unterstütze sie dabei, diese Fähigkeiten zu entwickeln, indem du ihnen beibringst, wie sie mit Veränderungen umgehen können. Workshops und Trainings, die auf Problemlösungsfähigkeiten und kreatives Denken abzielen, können ihnen helfen, ihre Anpassungsfähigkeit zu stärken und ihre Perspektiven zu erweitern.

Hochsensibilität

Hochsensible Menschen sind Individuen, die eine erhöhte Sensitivität gegenüber Reizen aus ihrer Umwelt und ihren eigenen Emotionen aufweisen. Diese Sensitivität ist nicht nur eine Eigenschaft, sondern ein tief verwurzelter Teil ihrer Persönlichkeit, der sowohl Vor- als auch Nachteile mit sich bringen kann. Hochsensibilität ist eine komplexe Eigenschaft, die viele Facetten hat. Hochsensible Menschen bringen eine einzigartige Perspektive und Tiefe in die Welt, die oft übersehen wird. Es ist wichtig, diese Sensitivität zu akzeptieren und zu schätzen, sowohl bei sich selbst als auch bei anderen. Ein Verständnis für die Herausforderungen und Stärken, die mit Hochsensibilität einhergehen, kann dazu beitragen, ein erfülltes und ausgeglichenes Leben zu führen. In einer Welt, die oft laut und hektisch ist, können hochsensible Menschen wertvolle Stimmen des Mitgefühls, der Kreativität und der Reflexion sein. Hochsensible Menschen verfügen über eine bemerkenswerte Fähigkeit, Details in ihrer Umgebung wahrzunehmen, die anderen möglicherweise nicht auffallen. Diese erhöhte Sensitivität erstreckt sich über verschiedene Sinneskanäle. Es sind unter anderem die Hör-,

Geruchs-, Geschmacks- und Sehwahrnehmungen. Sie sind oft in der Lage, subtile Nuancen und Veränderungen in ihrer Umgebung zu erkennen, sei es ein sanftes Flüstern, ein feiner Duft oder die kleinste Veränderung in der Mimik einer Person. Diese ausgeprägte Wahrnehmung macht hochsensible Menschen in vielen Bereichen besonders einfühlsam und kreativ. In kreativen Berufen, wie beispielsweise in der Kunst, Musik oder im Schreiben, können sie ihre Sensibilität nutzen, um tiefgründige und berührende Werke zu schaffen. Ihre Fähigkeit, Emotionen und Stimmungen intensiv wahrzunehmen, ermöglicht es ihnen, kreative Ausdrucksformen zu entwickeln, die andere berühren und inspirieren.

Auch in sozialen Interaktionen profitieren hochsensible Menschen von ihrer Achtsamkeit. Sie können die emotionalen Bedürfnisse anderer Menschen oft intuitiv erfassen und darauf reagieren, was sie zu einfühlsamen Freunden, Partnern und Kollegen macht. Diese Sensibilität kann jedoch auch eine Herausforderung darstellen, da sie sich leicht von den Emotionen und dem Stress anderer beeinflussen lassen. Hochsensible Menschen sind in der Lage, ihre Umwelt auf eine Weise wahrzunehmen, die ihnen tiefere Einblicke und ein besseres Verständnis für die Welt um sie herum bietet. Diese Fähigkeit kann sie nicht nur in kreativen Berufen, sondern auch in zwischenmenschlichen Beziehungen zu wertvollen Begleitern und Unterstützern machen.

Sie zeichnen sich durch eine bemerkenswerte Fähigkeit aus, Emotionen nicht nur intensiv zu erleben, sondern auch die Gefühle anderer Menschen tiefgehend nachzuvollziehen. Diese empathische Fähigkeit ermöglicht es ihnen, sich schnell in die emotionalen Zustände ihrer Mitmenschen hineinzuversetzen. Sie spüren die Freude, den Schmerz und die Sorgen anderer oft so intensiv, dass es für sie manchmal schwierig sein kann, ihre eigenen Emotionen von denen ihrer Umgebung zu unterscheiden.

Diese emotionale Tiefe ist eine der herausragenden Stärken von hochsensiblen Menschen. Sie sind in der Lage, auf eine Weise zu kommunizieren und zu interagieren, die anderen das Gefühl gibt, verstanden und gesehen zu werden. Ihr tiefes Mitgefühl macht sie zu einfühlsamen Freunden, Partnern und Unterstützern, die bereit sind, zuzuhören und zu helfen. Oft sind sie die ersten, die erkennen, wenn jemand in ihrer Umgebung emotional leidet oder Unterstützung benötigt. Diese Fähigkeit, emotionale Nuancen wahrzunehmen und darauf zu reagieren, kann in zwischenmenschlichen Beziehungen sehr Wertvoll sein.

Auf der anderen Seite kann diese ausgeprägte Empathie auch eine erhebliche Belastung darstellen. Sie sind anfällig dafür, sich von den Emotionen anderer überwältigen zu lassen, was zu emotionaler Erschöpfung führen kann. Wenn sie sich ständig in die Sorgen und Leiden anderer hineinversetzen, kann dies ihre eigene emotionale Stabilität beeinträchtigen. Sie könnten Schwierigkeiten haben, ihre eigenen Bedürfnisse zu erkennen und zu priorisieren, da sie oft mehr mit den Gefühlen anderer beschäftigt sind. Zusätzlich können hochsensible Menschen in sozialen Situationen, in denen viele Emotionen im Spiel sind, schnell überfordert werden. Die ständige Konfrontation mit intensiven Gefühlen kann zu Stress und Angst führen, was oft einen Rückzug aus sozialen Interaktionen zur Folge hat. Daher ist es für hochsensible Menschen wichtig, Strategien zur Selbstfürsorge zu entwickeln, um ihre emotionale Gesundheit zu schützen und ein Gleichgewicht zwischen Empathie für andere und dem eigenen emotionalen Wohlbefinden zu finden. Die Fähigkeit, Emotionen intensiv zu erleben und sich in andere hineinzuversetzen, ist ein wichtiges Merkmal von hochsensiblen Menschen. Diese Eigenschaft kann sowohl eine Quelle der Stärke als auch eine Herausforderung sein. Und es erfordert oft bewusste Anstrengungen, um mit den emotionalen Anforderungen, die damit einhergehen, umzugehen. Lernen sie, ihre Sensitivität zu akzeptieren und sie als Teil ihrer Identität zu umarmen, können sie ein erfülltes und ausgewogenes Leben führen, in dem sie sowohl ihre eigenen Bedürfnisse als auch die Bedürfnisse anderer in Einklang bringen.

Aufgrund ihrer ausgeprägten Sensitivität sind sie besonders anfällig für Überwältigung, insbesondere in Umgebungen, die intensiv stimulierend oder stressig sind. Sie nehmen nicht nur die offensichtlichen Reize ihrer Umgebung wahr, sondern auch subtile Details, die für andere oft unbemerkt bleiben. Diese erhöhte Wahrnehmung kann in Situationen wie großen Menschenmengen, lauten Umgebungen oder chaotischen Ereignissen schnell zu einer Reizüberflutung führen.

Das Gedränge, die Vielzahl an Stimmen und die unzähligen visuellen Eindrücke in einer Menschenmenge kann für hochsensible Menschen erdrückend sein. Sie fühlen sich möglicherweise von der Energie und den Emotionen, die in der Luft liegen, überwältigt. Diese Empfindlichkeit kann auch in alltäglichen Situationen auftreten, wie beim Einkaufen in einem Geschäft, Einkaufszentren oder beim Besuch eines Festivals. Die Vielzahl an Reizen kann zu Stress, Angst und einem Gefühl der Überwältigung führen, was oft in einem Bedürfnis nach Rückzug und Ruhe endet. Laute Geräusche wie Verkehrslärm, laute Musik oder das Geschrei in einem überfüllten Raum können manchmal für hochsensible Menschen besonders belastend sein. Während viele Menschen solche Geräusche als Hintergrundgeräusch wahrnehmen, können hochsensible Menschen sie als unangenehm und überwältigend empfinden. Dies kann zu einer erhöhten Reizempfindlichkeit führen, wodurch sie sich schnell erschöpft oder gereizt fühlen.

Die ständige Konfrontation mit intensiven Reizen kann nicht nur emotional, sondern auch physisch erschöpfend sein. Sie benötigen oft mehr Zeit für sich allein, um sich zu regenerieren und ihre Energie wieder aufzuladen. Diese Erholungszeiten sind entscheidend, um die emotionale Balance zu halten und die eigene Sensitivität zu managen. Ohne ausreichende Ruhephasen können sie in einen Zustand der Überlastung geraten, der sich in Symptomen wie Müdigkeit, Reizbarkeit, Konzentrationsschwierigkeiten oder sogar körperlichen Beschwerden äußern kann.

Um mit der Überwältigung in stressigen oder stimulierenden Situationen umzugehen, können hochsensible Menschen verschiedene Strategien entwickeln:

Bewusstsein:

Das Erkennen der eigenen Sensitivität und das Verständnis dafür, dass es in Ordnung ist, sich überfordert zu fühlen, ist der erste Schritt. Hochsensible Menschen sollten sich ihrer Bedürfnisse und Grenzen bewusst sein.

Rückzugsorte:

In stressigen Situationen ist es hilfreich, einen ruhigen Ort aufzusuchen, um sich kurz zurückzuziehen und sich zu sammeln. Dies kann ein ruhiger Raum, ein Park oder sogar eine kurze

Auszeit in einem anderen Teil des Gebäudes sein.

Planung und Vorbereitung:

Hochsensible Menschen können sich auf bevorstehende Ereignisse vorbereiten, indem sie sich Zeitfenster für Pausen einplanen oder die Dauer des Aufenthalts in stimulierenden Umgebungen begrenzen.

Entspannungstechniken:

Praktiken wie Meditation, Atemübungen oder sanfte Bewegung (z. B. Yoga) können helfen, Stress abzubauen und die innere Ruhe wiederherzustellen.

Soziale Unterstützung:

Der Austausch mit anderen hochsensiblen Menschen oder das Suchen nach Verständnis bei Freunden und Familie kann helfen, die eigenen Erfahrungen zu validieren und Unterstützung zu finden.

Wenn hochsensible Menschen lernen, mit ihrer Sensitivität umzugehen und Strategien zur Stressbewältigung entwickeln, können sie ihre Lebensqualität verbessern und ein erfülltes Leben führen, das sowohl ihre Empfindsamkeit als auch ihre Bedürfnisse berücksichtigt.

Hochsensible Menschen sind häufig geprägt von einer tiefen Denkweise und einem ausgeprägten Bedürfnis, ihre Erfahrungen und Emotionen zu reflektieren. Diese Nachdenklichkeit ist ein wichtiges Merkmal ihrer Persönlichkeit und wirkt sich auf verschiedene Aspekte ihres Lebens aus. Die Neigung, über Erlebnisse und zwischenmenschliche Beziehungen nachzudenken, führt oft zu tiefen Einsichten. Sie sind in der Lage, komplexe Zusammenhänge zu erkennen und die Emotionen anderer zu verstehen, was ihnen ermöglicht, nuancierte Perspektiven zu entwickeln. Sie hinterfragen oft ihre eigenen Reaktionen und die Dynamik in ihren Beziehungen, was zu einem besseren Verständnis ihrer eigenen Bedürfnisse und der Bedürfnisse anderer führt.

Diese tiefgründige Reflexion kann eine wertvolle Ressource sein, insbesondere in kreativen oder beratenden Berufen, wo Empathie und die Fähigkeit, verschiedene Sichtweisen zu integrieren, von großem Vorteil sind. Hochsensible Menschen können durch ihre Nachdenklichkeit innovative Lösungen finden und kreative Ideen entwickeln, die anderen möglicherweise nicht in den Sinn kommen.

Jedoch kann diese intensive Reflexion auch zu übermäßigem Grübeln führen. Hochsensible Menschen neigen dazu, in Gedanken zu versinken, was dazu führen kann, dass sie sich in negativen

Emotionen oder Sorgen verlieren. Sie analysieren oft ihre Entscheidungen und Handlungen bis ins kleinste Detail und fragen sich, ob sie die richtigen Entscheidungen getroffen haben oder wie andere sie wahrnehmen. Diese Tendenz kann zu einer Spirale von Selbstzweifeln und Ängsten führen, die es schwierig macht, im Hier und Jetzt zu leben. Übermäßiges Grübeln kann auch die Fähigkeit beeinträchtigen, Entscheidungen zu treffen. Sie könnten Schwierigkeiten haben, sich zu entscheiden, weil sie alle möglichen Konsequenzen abwägen und sich Sorgen machen, die falsche Wahl zu treffen. Diese Unsicherheit kann zu Prokrastination führen oder sie dazu bringen, sich von neuen Erfahrungen zurückzuziehen.

Um die positiven Aspekte der Nachdenklichkeit zu nutzen und die negativen Folgen des Grübelns zu minimieren, können sie verschiedene Strategien anwenden.

Zeitliche Begrenzung des Nachdenkens:

Hochsensible Menschen können sich bewusst Zeitfenster setzen, in denen sie über eine bestimmte Situation nachdenken, um zu verhindern, dass sie in endlose Gedankenschleifen geraten.

Achtsamkeit und Meditation:

Durch Achtsamkeitspraktiken können sie lernen,

im Moment zu leben und ihre Gedanken zu beobachten, ohne sich von ihnen mitreißen zu lassen. Meditation kann helfen, den Geist zu beruhigen und das Grübeln zu reduzieren.

Gespräche mit vertrauten Personen:

Der Austausch mit Freunden oder Familienmitgliedern kann wertvolle Perspektiven bieten und helfen, die eigenen Gedanken zu ordnen. Manchmal kann das Ausdrücken von Gedanken und Gefühlen zu einem besseren Verständnis führen.

Kreativer Ausdruck:

Das Festhalten von Gedanken durch Schreiben, Malen oder anderen kreativen Ausdrucksformen kann dazu beitragen, die eigenen Emotionen zu verarbeiten und Klarheit zu gewinnen.

Fokus auf Lösungen:

Hochsensible Menschen sollten versuchen, sich auf Lösungen anstatt auf Probleme zu konzentrieren. Das Entwickeln von Handlungsplänen kann helfen, die Kontrolle über eine Situation zurückzugewinnen und den Fokus von negativen Gedanken abzulenken.
Lernen sie, ihre Nachdenklichkeit positiv zu nutzen und die Tendenz zum Grübeln zu steuern,

können sie ihre emotionale Gesundheit fördern und ein erfüllteres Leben führen, in dem sie sowohl ihre tiefen Einsichten als auch ihre Bedürfnisse respektieren.

Hochsensible Menschen sind oft mit einer bemerkenswerten Intuition ausgestattet, die ihnen ermöglicht, subtile Veränderungen in ihrer Umgebung sowie in den Emotionen und Verhaltensweisen anderer Menschen wahrzunehmen. Diese Fähigkeit zur intuitiven Wahrnehmung ist ein wichtiger Bestandteil ihrer Sensitivität und kann in verschiedenen Lebensbereichen sowohl unterstützend als auch herausfordernd sein.

Ihre Intuition ermöglicht es ihnen, feine Nuancen zu erkennen, die anderen möglicherweise entgehen. Sie können Stimmungen, Emotionen und sogar unausgesprochene Gedanken anderer Menschen spüren. Diese Fähigkeit macht sie oft zu ausgezeichneten Zuhörern und einfühlsamen Freunden, da sie in der Lage sind, die emotionalen Bedürfnisse anderer zu erfassen und angemessen darauf zu reagieren. In sozialen Situationen können hochsensible Menschen durch ihre Intuition schnell erkennen, wenn jemand sich unwohl fühlt oder Unterstützung benötigt, was ihnen hilft, empathische und unterstützende Beziehungen aufzubauen.

Jedoch kann diese ausgeprägte Intuition auch zu Unsicherheiten führen. Hochsensible Menschen sind oft sehr sensibel für die Reaktionen und Stimmungen anderer Menschen, was dazu führen kann, dass sie sich übermäßig um deren Wahrnehmungen und Meinungen kümmern. Wenn ihre intuitiven Wahrnehmungen von anderen nicht geteilt oder anerkannt werden, kann dies zu einem Gefühl der Isolation oder Verwirrung führen. Sie könnten sich fragen, ob sie überreagieren oder ob ihre Wahrnehmungen tatsächlich zutreffend sind, was zu Selbstzweifeln führen kann.

Diese Unsicherheit kann sich verstärken, wenn hochsensible Menschen in sozialen Situationen mit Menschen interagieren, die weniger sensibel oder intuitiv sind. Sie könnten das Gefühl haben, dass ihre Empfindungen und Wahrnehmungen nicht ernst genommen werden, was zu Frustration und einem Gefühl der Entfremdung führen kann. In solchen Momenten ist es wichtig, dass sie lernen, ihre eigenen Wahrnehmungen zu validieren und zu akzeptieren, auch wenn sie nicht von anderen geteilt werden.

Um die Vorteile ihrer Intuition zu nutzen und gleichzeitig die Herausforderungen zu bewältigen, können hochsensible Menschen verschiedene Strategien entwickeln:

Selbstreflexion:

Sie sollten regelmäßig Zeit für sich selbst einplanen, um über ihre intuitiven Wahrnehmungen nachzudenken. Das Tagebuch führen kann eine hilfreiche Methode sein, um Gedanken und Gefühle zu klären und die eigene Intuition zu stärken.

Vertrauen in die eigene Wahrnehmung:

Es ist wichtig zu lernen, ihrer eigenen Intuition zu vertrauen. Indem sie sich bewusst machen, dass ihre Wahrnehmungen wertvoll sind, können sie Selbstvertrauen aufbauen und ihre Unsicherheiten reduzieren.

Grenzen setzen:

Sie sollten lernen, ihre eigenen emotionalen Grenzen zu setzen und sich nicht zu sehr von den Emotionen anderer beeinflussen zu lassen. Dies kann ihnen helfen, ihre Intuition klarer zu erleben, ohne sich von den Reaktionen anderer verunsichern zu lassen.

Wenn hochsensible Menschen lernen, ihre Intuition zu schätzen und gleichzeitig die Herausforderungen, die sie mit sich bringt, zu bewältigen, können sie ihre Fähigkeit, empathisch und einfühlsam zu sein, als wertvolle Ressource nutzen, die sowohl ihnen selbst als auch anderen zugutekommt.

Vor- und Nachteile von Hochsensibilität

Hochsensible Menschen haben viele Vorteile, die ihnen ein anderes Dasein beschert, aber auch viele Nachteile, mit den sie lernen müssen, richtig umzugehen.

Vorteile

Kreativität:

Viele hochsensible Menschen sind kreativ und haben ein großes Talent für Kunst, Musik oder Schreiben.
Ihre Fähigkeit, Emotionen und Details intensiv wahrzunehmen, ermöglicht es ihnen, einzigartige Perspektiven zu entwickeln.

Empathie und Mitgefühl:

Hochsensible Menschen haben oft eine starke Fähigkeit, sich in andere hineinzuversetzen, was sie zu einfühlsamen Freunden und Partnern macht. Sie sind oft die ersten, die erkennen, wenn jemand in Not ist.

Ihre Neigung zur Reflexion und ihr tiefes Verständnis für die Emotionen anderer machen sie zu hervorragenden Zuhörern, die oft Ratschläge geben können, die auf echtem Verständnis basieren.

Nachteile

Erschöpfung:

Die ständige Reizüberflutung kann zu emotionaler und physischer Erschöpfung führen. Hochsensible Menschen benötigen oft mehr Zeit für sich selbst, um sich zu regenerieren.

Überempfindlichkeit:

Sie können als überempfindlich oder schüchtern wahrgenommen werden, was zu Missverständnissen in sozialen Situationen führen kann. Ihr Bedürfnis nach Ruhe und Rückzug wird manchmal nicht verstanden.

Perfektionismus:

Viele hochsensible Menschen neigen dazu, hohe Ansprüche an sich selbst zu stellen, was zu Stress und Unzufriedenheit führen kann. Sie können

Schwierigkeiten haben, Entscheidungen zu treffen, da sie alle möglichen Konsequenzen abwägen.

Hochsensibilität aus spiritueller Sicht

Hochsensibilität ist ein facettenreiches Konzept, das über die psychologischen und emotionalen Dimensionen hinausgeht und tiefere spirituelle Aspekte umfasst. Menschen, die als hochsensibel identifiziert werden, erleben ihre Umwelt, ihre Emotionen und zwischenmenschlichen Beziehungen auf eine Weise, die oft über das Gewöhnliche hinausgeht. Diese besondere Wahrnehmung kann als eine Gabe betrachtet werden, die es ihnen ermöglicht, tiefere Einsichten und Verbindungen zu sich selbst, anderen und dem Universum zu erfahren.

Für viele hochsensible Menschen ist Spiritualität ein wichtiger Bestandteil ihres Lebens. Sie verspüren oft ein starkes Bedürfnis nach Sinn und Zweck und suchen nach tiefen, transzendentalen Erfahrungen, die ihr Dasein bereichern. Diese Suche nach Spiritualität kann sich in verschiedenen Formen äußern, sei es durch Meditation, Achtsamkeit, Naturerfahrungen, Kunst oder andere kreative Ausdrucksformen. Hochsensible Menschen sind häufig empfänglicher für spirituelle Praktiken, die ihnen helfen, sich mit ihrem inneren

Selbst und dem größeren Ganzen zu verbinden. Die Verbindung zur Natur ist für viele hochsensible Menschen besonders wichtig, da sie oft die heilende Kraft der Natur spüren. Spaziergänge im Wald, das Beobachten von Tieren oder das Verweilen am Wasser können für sie spirituelle Erlebnisse sein, die ein Gefühl der Verbundenheit und des Friedens hervorrufen. Diese Erfahrungen ermöglichen es ihnen, sich von der Hektik des Alltags zu lösen und in einen Zustand der Achtsamkeit und des Bewusstseins einzutauchen.

Ein wichtiges Merkmal von hochsensiblen Menschen ist ihre ausgeprägte Empathie. Diese Fähigkeit, die Emotionen und Bedürfnisse anderer Menschen zu spüren, geht über das bloße Verständnis hinaus und wird auf einer spirituellen Ebene als eine Form der Verbindung mit dem kollektiven Bewusstsein betrachtet. Hochsensible Menschen haben oft das Gefühl, Teil eines größeren Ganzen zu sein und empfinden eine tiefere Verbindung zu anderen Lebewesen. Diese empathische Verbindung kann zu einem tiefen Mitgefühl führen, das über individuelle Beziehungen hinausgeht und ein Gefühl der universellen Verbundenheit schafft.

In dieser Verbindung liegt eine Kraft, die es hochsensiblen Menschen ermöglicht, die spirituelle Dimension des Lebens auf eine Weise zu erleben, die für andere oft unzugänglich ist. Sie sind in der Lage, die Emotionen und Energien anderer

Menschen nicht nur wahrzunehmen, sondern auch zu fühlen und in ihrem eigenen Leben zu integrieren. Dieser Prozess kann sowohl bereichernd als auch herausfordernd sein, da hochsensible Menschen oft die Last der Emotionen anderer auf sich nehmen. Es ist eine ständige Herausforderung, diese Energien zu verarbeiten, ohne sich selbst zu verlieren oder emotional zu überlasten.

Hochsensible Menschen besitzen häufig eine ausgeprägte Intuition, die sie auf ihrer spirituellen Reise leitet. Diese Intuition ist nicht nur eine Fähigkeit, die sich auf alltägliche Entscheidungen beschränkt, sondern kann auch als Zugang zu tieferen Wahrheiten und spirituellen Einsichten betrachtet werden. Sie sind oft in der Lage, subtile energetische Veränderungen wahrzunehmen und durch ihre Intuition zu wichtigen Erkenntnissen zu gelangen, die ihnen helfen, ihren Lebensweg zu verstehen und zu navigieren.

Die Intuition von hochsensiblen Menschen fungiert wie ein innerer Kompass, der sie zu Erfahrungen führt, die ihre spirituelle Entwicklung fördern. Sie sind oft in der Lage, zwischen den Zeilen zu lesen und die wahren Motive und Gefühle anderer zu erkennen. Diese Fähigkeit ermutigt sie, authentisch zu leben und ihre eigenen Werte und Überzeugungen zu vertreten. Dies führt nicht nur zu einem erfüllteren Leben, sondern auch zu einer tieferen Verbindung zu ihrer eigenen Spiritualität. Die spirituelle Reise hochsensibler Menschen ist oft von Herausforderungen geprägt. Die intensive Wahrnehmung von Reizen und Emotionen kann zu Überwältigung und Erschöpfung führen, was es schwierig macht, einen klaren Kopf zu bewahren und sich auf das Wesentliche zu konzentrieren. Hochsensible Menschen müssen lernen, ihre Sensitivität zu akzeptieren und zu schätzen, während sie gleichzeitig Wege finden, um sich zu schützen und ihre Energie zu bewahren.

Eine wichtige Lektion für hochsensible Menschen besteht darin, gesunde Grenzen zu setzen. Dies kann bedeuten, sich von toxischen Beziehungen oder über stimulierenden Umgebungen zu distanzieren, um den eigenen energetischen Raum zu schützen. Durch diese Selbstfürsorge können hochsensible Menschen ihre spirituelle Praxis vertiefen und ein besseres Verständnis für sich selbst und ihre Bedürfnisse entwickeln.

Für viele hochsensible Menschen wird die Spiritualität zu einem Weg der Heilung. Sie können durch ihre Erfahrungen mit Hochsensibilität tiefere Einsichten in die menschliche Erfahrung gewinnen und lernen, wie sie ihre Sensitivität als Geschenk nutzen können. Spirituelle Praktiken wie Meditation, Yoga, Tagebuch schreiben oder Naturerfahrungen helfen hochsensiblen Menschen, ihre Gedanken und Emotionen zu klären und eine tiefere Verbindung zu ihrem inneren Selbst herzustellen.

Darüber hinaus können hochsensible Menschen durch ihre Erfahrungen in der spirituellen Praxis lernen, die Herausforderungen ihrer Sensitivität als Teil ihrer Lebensreise zu akzeptieren. Wenn sie ihre Sensibilität annehmen und als Teil ihres spirituellen Weges integrieren, entwickeln sie eine stärkere Resilienz und ein tieferes Verständnis für die Natur des Lebens.

Hochsensibilität ist eine komplexe Eigenschaft, die auf vielen Ebenen wirkt, einschließlich der spirituellen Dimension. Hochsensible Menschen haben die Fähigkeit, tiefere Verbindungen zu sich selbst, anderen und dem Universum herzustellen. Ihre Empathie, Intuition und die Suche nach Sinn und Zweck machen sie zu einzigartigen Individuen, die in der Lage sind, transzendente Erfahrungen zu machen und wertvolle Einsichten zu gewinnen.

Die Reise der Hochsensibilität ist oft mit Herausforderungen verbunden, doch durch Selbstakzeptanz, gesunde Grenzen und spirituelle Praktiken können sie ihre Sensitivität als Geschenk betrachten, das ihnen hilft, ein erfülltes und bedeutungsvolles Leben zu führen. Nutzen sie ihre Fähigkeit zur Empathie und Intuition, können hochsensible Menschen nicht nur ihr eigenes Leben bereichern, sondern auch das Leben anderer positiv beeinflussen.

Hochsensible Menschen und ihre Reaktionen auf Umweltfaktoren

Hochsensible Menschen sind außergewöhnliche Individuen, die mit einer ausgeprägten Sensitivität gegenüber Reizen aus ihrer Umwelt und ihren eigenen Emotionen gesegnet sind. Diese Sensitivität ist nicht nur ein Merkmal ihrer Persönlichkeit, sondern ein tief verwurzelter Teil ihrer Existenz, der sowohl Vorzüge als auch Herausforderungen mit sich bringt. In einer Welt, die oft laut, hektisch und überreizt ist, können sie als Lichtträger fungieren, die tiefere Einblicke in menschliche Emotionen und die Natur der Realität bieten. Besonders auffällig sind ihre Reaktionen auf Staub, Allergene und unnatürliche Substanzen, die in ihrer Umgebung vorkommen. Hochsensibilität betrifft schätzungsweise 15 bis 20 Prozent der Bevölkerung. Sie haben eine tiefere Verarbeitung von Informationen, was bedeutet, dass sie sowohl emotionale als auch physische Reize intensiver wahrnehmen. Diese erhöhte Sensitivität kann sich auf verschiedene Bereiche erstrecken, einschließlich visueller, akustischer und taktiler Reize sowie auf chemische und umweltbedingte Faktoren.

Reaktionen auf Staub und Allergene:

Hochsensible Menschen reagieren häufig stärker auf Staub und andere Allergene, weil ihr Immunsystem und ihre sensorischen Reaktionen empfindlicher sind. Staubpartikel, die in der Luft schweben, können bei ihnen eine Vielzahl von körperlichen und emotionalen Reaktionen hervorrufen. Diese Reaktionen können von milden Symptomen wie Niesen, Husten oder tränenden Augen bis hin zu schwerwiegenden allergischen Reaktionen reichen. Die Reaktionen können auch Atembeschwerden, Hautausschläge, Asthmaanfälle oder ein Engegefühl in der Brust hervorrufen. Diese Symptome können sich in stressigen Umgebungen verstärken, was zu einer zusätzlichen Belastung führt.

Migräne und Kopfschmerzen:

Viele hochsensible Menschen berichten, dass sie bei Kontakt mit Staub oder chemischen Substanzen anfälliger für Migräne oder starke Kopfschmerzen sind. Diese Schmerzen können die Lebensqualität erheblich beeinträchtigen und die Fähigkeit zur Konzentration und Produktivität einschränken.

Müdigkeit und Erschöpfung:

Die ständige Konfrontation mit irritierenden Stoffen kann zu chronischer Müdigkeit führen, da der Körper ständig mit der Bekämpfung von Allergenen beschäftigt ist. Sie fühlen sich oft erschöpft, selbst nach einem scheinbar normalen Tag.

Emotionale Reaktionen:

Die emotionalen Reaktionen auf Umwelteinflüsse sind bei hochsensiblen Menschen ebenso ausgeprägt.
Die ständige über stimulation durch Staub und andere Reizstoffe kann zu Stress, Angst und emotionaler Erschöpfung führen.
Sie sind oft sehr empathisch und nehmen die emotionalen Zustände anderer Menschen intensiv wahr, was die Belastung durch Umweltfaktoren zusätzlich verstärken kann.
Sie könnten sich in einer staubigen Umgebung unwohl oder gereizt fühlen und Schwierigkeiten haben, sich zu konzentrieren oder zu entspannen.

Unnatürliche Substanzen und chemische Empfindlichkeit:

Zusätzlich zu Staub sind hochsensible Menschen oft extrem empfindlich gegenüber unnatürlichen

Substanzen, die in vielen Haushaltsprodukten, Reinigungsmitteln, Kosmetika und sogar in der Luft vorkommen. Chemikalien wie Duftstoffe, Farbstoffe und Konservierungsmittel können bei hochsensiblen Menschen starke Reaktionen hervorrufen.
Diese Empfindlichkeit kann sich auf verschiedene Weisen äußern.

Geruchsintoleranz:

Viele hochsensible Menschen haben eine ausgeprägte Empfindlichkeit gegenüber Gerüchen. Sie können starke Reaktionen auf Parfums, Raumsprays oder andere künstliche Düfte haben, die für andere Menschen möglicherweise nicht störend sind.

Hautreaktionen:

Chemische Substanzen in Pflegeprodukten oder Reinigungsmitteln können Hautirritationen, Rötungen oder allergische Reaktionen verursachen. Sie sind oft gezwungen, die Inhaltsstoffe der Produkte, die sie verwenden, genau zu überprüfen, um unangenehme Reaktionen zu vermeiden.

Magen-Darm-Beschwerden:

Viele hochsensible Menschen berichten von
Übelkeit oder Magenbeschwerden, wenn sie mit
bestimmten chemischen Stoffen oder künstlichen
Inhaltsstoffen in Kontakt kommen. Diese
Beschwerden können zu zusätzlichem Stress und
Unbehagen führen.

Strategien zur Bewältigung von Reaktionen auf Umweltfaktoren

Für hochsensible Menschen ist es wichtig, Strategien zu entwickeln, um mit ihrer Sensitivität umzugehen und ihre Umwelt so zu gestalten, dass sie sich wohlfühlen.

Reinigungs- und Pflegeroutinen anpassen:

Verwende natürliche, ungiftige Produkte, um die Exposition gegenüber schädlichen Chemikalien zu minimieren. Achte auf Produkte ohne künstliche Duftstoffe und reizende Inhaltsstoffe.

Regelmäßige Reinigung:

Halte deine Umgebung sauber, um die Ansammlung von Staub und Allergenen zu reduzieren. Verwende gute Luftreiniger, um die Luftqualität zu verbessern und Allergene zu filtern.

Atemschutz:

In staubigen Umgebungen oder bei der Verwendung von Reinigungsprodukten kann das Tragen einer Maske helfen, die Exposition gegenüber Reizstoffen zu verringern.

Selbstfürsorge:

Praktiziere regelmäßige Entspannungstechniken wie Meditation, Atemübungen oder sanfte Bewegung (z. B. Yoga), um Stress abzubauen und das allgemeine Wohlbefinden zu fördern.

Kommunikation:

Teile deine Sensitivität mit Freunden und Familie, um ein besseres Verständnis für deine Bedürfnisse zu schaffen.

Die Träger erweiterter Wahrnehmung

Indigo-Erwachsene sind häufig mit einer besonderen energetischen Frequenz ausgestattet, die ihnen ermöglicht, auf einer tieferen Ebene mit der Welt zu interagieren.
Die Fähigkeiten des Hellriechens, Hellsehens, Hellhörens, Hellschmeckens und Hellfühlens sind tief in den Indigo-Erwachsenen verwurzelt und spiegeln ihre einzigartige Sensitivität und ihr tiefes Verständnis für die Welt wider. Diese erweckten Sinne sind nicht nur Geschenke, sondern auch Werkzeuge, die ihnen helfen, ihre spirituelle Reise zu navigieren und einen positiven Einfluss auf die Menschheit auszuüben. Indem sie ihre Fähigkeiten akzeptieren und entwickeln, können Indigo-Erwachsene ihre Mission erfüllen und als Lichtträger für andere fungieren. Ihre Existenz ist ein Zeichen für das Potenzial, das in jedem von uns schlummert und eine Einladung, unsere eigenen intuitiven Fähigkeiten zu entdecken und zu entfalten.
Sie sind oft mit einer besonderen Sensitivität und einer erweiterten Wahrnehmung ausgestattet, die ihnen ermöglicht, Informationen auf subtile Weise

zu empfangen und zu interpretieren. Diese besonderen Fähigkeiten sind ein Ausdruck ihrer einzigartigen energetischen Frequenz und ihrer tiefen Verbindung zu ihrer Umgebung und den Menschen um sie herum.

Hellsehen
Klarer Blick in die Realität

Hellsehen auch als „Klarsehen" bezeichnet, beschreibt die Fähigkeit, Informationen über Ereignisse, Personen oder Orte zu empfangen, die über die physischen Sinne hinausgehen. Hellsehende Menschen können Bilder, Szenen oder Symbole wahrnehmen, die ihnen Einblicke in die Vergangenheit, Gegenwart oder Zukunft gewähren.

Hellsehen geschieht oft in einem meditativen Zustand oder in Momenten der Entspannung, in denen der Geist offener für subtile Eindrücke ist. Indigo-Erwachsene nutzen ihre Intuition, um Informationen zu empfangen, die für andere unsichtbar bleiben. Diese Fähigkeit kann sich in Form von lebhaften Bildern, Visionen oder spontanen Einsichten zeigen. Oft sind die Bilder, die sie empfangen, symbolisch und erfordern eine Interpretation, um die zugrunde liegende Botschaft zu verstehen.

Hellhören
Die Stimmen des Universums

Hellhören bezieht sich auf die Fähigkeit, spirituelle oder energetische Stimmen und Klänge wahrzunehmen, die über das normale Hörvermögen hinausgehen. Hellhörende Menschen können Botschaften von höheren Ebenen oder von spirituellen Wesen empfangen.

Hellhören tritt häufig in ruhigen Momenten auf, in denen der Geist entspannt ist und man sich auf das innere Hören konzentrieren kann.
Indigo-Erwachsene berichten oft von Erfahrungen, in denen sie Botschaften aus dem Universum oder von ihren spirituellen Führern empfangen. Diese Informationen können ihnen helfen, Entscheidungen zu treffen, Klarheit zu gewinnen oder ihre spirituelle Reise zu vertiefen.

Hellfühlen
Emotionale Resonanz

Hellfühlen, auch als „Klarfühlen" bekannt, beschreibt die Fähigkeit, emotionale und energetische Zustände anderer Menschen oder Situationen zu spüren. Hellfühlende Menschen sind oft in der Lage, die Emotionen und physischen Empfindungen anderer zu erkennen, was ihnen ein tiefes Verständnis für die

Bedürfnisse und Herausforderungen ihrer
Mitmenschen ermöglicht.

Diese Fähigkeit tritt häufig in sozialen
Interaktionen auf, in denen hellfühlende Menschen
die Emotionen anderer intuitiv erfassen. Sie
können beispielsweise Freude, Traurigkeit, Angst
oder Schmerz wahrnehmen, ohne dass diese
Emotionen verbal ausgedrückt werden.
Indigo-Erwachsene nutzen diese Fähigkeit oft, um
empathisch auf die Bedürfnisse anderer zu
reagieren und Unterstützung anzubieten.
Hellfühlen kann auch in Form von körperlichen
Empfindungen auftreten, bei denen sie die
physischen Symptome anderer Menschen spüren.

Hellriechen
Spirituelle Düfte wahrnehmen

Hellriechen ist die Fähigkeit, spirituelle oder
energetische Düfte wahrzunehmen, die für andere
nicht wahrnehmbar sind. Diese Fähigkeit kann in
Form von angenehmen oder unangenehmen
Gerüchen auftreten, die mit bestimmten
Emotionen, Erinnerungen oder spirituellen Wesen
verbunden sind.

Hellriechen kann in verschiedenen Situationen
auftreten, oft in Momenten der Meditation oder des
spirituellen Wachstums. Indigo-Erwachsene
berichten häufig von Erfahrungen, in denen sie

spezifische Düfte wahrnehmen, die mit spirituellen Wesen oder ihren eigenen inneren Zuständen in Verbindung stehen. Diese Düfte können als Zeichen oder Botschaften interpretiert werden, die ihnen helfen, ihre Intuition zu stärken und ihre spirituelle Reise zu vertiefen.

Hellschmecken
Energetische Wahrnehmung durch den Geschmack

Hellschmecken beschreibt die Fähigkeit, die energetische Qualität von Nahrung, Substanzen oder Situationen über den Geschmackssinn wahrzunehmen. Es geht dabei nicht nur um das physische Schmecken, sondern um ein feines inneres Spüren, das über den eigentlichen Geschmack hinausgeht.

Indigo-Erwachsene haben häufig eine besonders feine Wahrnehmung in diesem Bereich. Sie reagieren sensibel auf Zusatzstoffe, künstliche Aromen, stark verarbeitete Lebensmittel oder auch auf die Energie, mit der Nahrung hergestellt wurde. Dadurch kann es vorkommen, dass sie bestimmte Dinge instinktiv ablehnen oder nicht vertragen, ohne dass es dafür sofort eine offensichtliche Erklärung gibt.

Indigos und frühere Inkarnationen

In der weiten und geheimnisvollen Landschaft der Spiritualität und Esoterik gibt es ein tief verwurzeltes Wissen über die menschliche Erfahrung, das die Vorstellung umfasst, dass Seelen in verschiedenen Körpern und Lebensformen existieren, um Erfahrungen zu sammeln, zu wachsen und sich weiterzuentwickeln. Besonders faszinierend ist die Betrachtung von Indigo-Erwachsenen, die oft als Träger einer besonderen Energie und Weisheit angesehen werden, die aus zahlreichen früheren Leben resultiert. Diese besonderen Seelen sind nicht nur hier, um persönliche Lektionen zu lernen, sondern auch, um das kollektive Bewusstsein zu beeinflussen und zu transformieren.

Die Seelen der Indigo-Erwachsenen werden häufig als „alte Seelen" beschrieben, die nicht nur in einem einzigen Leben, sondern über viele Inkarnationen hinweg gewachsen sind. Diese Seelen haben eine bemerkenswerte Fähigkeit, sich an einzelne frühere Inkarnationen zu erinnern. Solche Erinnerungen können sich auf verschiedene Weisen manifestieren. Das kann in Form von lebhaften Träumen, Déjà-vu-Erlebnissen oder intuitiven Einsichten sein. Diese Erinnerungen helfen Indigo-Erwachsenen, die Lektionen und Weisheiten, die sie in ihrem vorherigen Leben gesammelt haben, in ihr aktuelles Leben zu integrieren. Jede Inkarnation bietet die Möglichkeit, tiefgreifende Lektionen zu lernen, karmische Prüfungen zu meistern und die eigene Spiritualität zu vertiefen. Alte Seelen haben oft bedeutende Rollen in ihrem früheren Leben gespielt, sei es als Lehrer, Heiler, Visionäre oder in anderen wichtigen Funktionen. Diese Erfahrungen prägen ihre gegenwärtige Existenz und verleihen ihnen ein tiefes Verständnis für die Herausforderungen, mit denen die Menschheit konfrontiert ist. Indigo-Erwachsene tragen die Last ihrer Erfahrungen, was sie empathischer und weiser macht.

Die Indigo-Energie, die sie verkörpern, ist eine Frequenz, die mit einem höheren Bewusstsein verbunden ist. Diese Energie ist nicht nur dazu da, persönliche Lektionen zu lernen, sondern auch, das Bewusstsein der Menschheit zu beeinflussen und zu transformieren. Indigo-Erwachsene haben eine besondere Mission in der heutigen Zeit. Sie sollen das Bewusstsein der Menschheit erweitern und die Welt in eine neue Ära des Verständnisses und der Harmonie führen. Ihre einzigartige Perspektive und ihre tiefen Einsichten in die menschliche Natur machen sie zu wichtigen Katalysatoren für Veränderung.

Während die meisten Menschen sich auf ihre irdischen Erfahrungen konzentrieren, gibt es Hinweise darauf, dass Seelen auch in anderen Dimensionen und auf anderen Planeten inkarniert sind. Diese Erfahrungen können die Perspektive einer Seele erweitern und ihr helfen, eine tiefere Verbindung zu universellen Wahrheiten zu entwickeln. Indigo-Erwachsene können aus diesen anderen Welten stammen und bringen oft eine andere Sichtweise sowie ein Gefühl von Zugehörigkeit mit, das über das irdische Dasein hinausgeht. Diese interdimensionalen Erfahrungen ermöglichen es ihnen, neue Ideen und Konzepte in die menschliche Gesellschaft einzubringen, die das Bewusstsein erweitern und transformieren können. Darüber hinaus bringen Indigo-Erwachsene viele Talente aus früheren Inkarnationen mit, die ihnen helfen, sich im gegenwärtigen Leben relativ leicht zu entfalten. Ihre Erinnerungen an spezifische frühere Leben können wertvolle Einsichten darüber geben, welche Fähigkeiten sie nutzen sollten, um ihre aktuelle Mission zu erfüllen. Diese Fähigkeiten können von intuitiven Heilfähigkeiten bis hin zu künstlerischen Talenten oder tiefem Wissen über spirituelle Praktiken variieren. Es ist jedoch wichtig, dass sie den Mut aufbringen, Neues auszuprobieren und sich auf unbekanntes Terrain zu begeben.

Es ist dieser Mut, gepaart mit der tiefen Weisheit ihrer Seelen, der es Indigo-Erwachsenen ermöglicht, ihre einzigartige Rolle in der Welt zu spielen und die Transformation des kollektiven Bewusstseins voranzutreiben. Sie sind nicht nur hier, um persönliche Lektionen zu lernen, sondern auch, um anderen zu helfen, ihre eigenen Herausforderungen zu meistern. Ihre Reise ist eine Einladung an alle, die eigene Spiritualität zu erforschen, die Herausforderungen des Lebens mit Mut und Empathie anzugehen und die Welt zu einem besseren Ort für alle zu machen.

Indem sie sich an ihre früheren Inkarnationen erinnern und die Weisheit dieser Erfahrungen nutzen, können sie einen bedeutenden Beitrag zur evolutionären Entwicklung der Menschheit leisten. Ihre Fähigkeit, komplexe emotionale Zusammenhänge zu verstehen und zu vermitteln, hilft anderen, sich selbst besser zu verstehen und ihre eigenen Wege zu finden.

Das Manifestieren

Indigo-Erwachsene besitzen eine besondere Verbindung zu den universellen Gesetzmäßigkeiten, die das Manifestieren beeinflussen. Sie verfügen über einzigartige Eigenschaften, die es ihnen ermöglichen, in Harmonie mit den energetischen Frequenzen des Universums zu agieren.

Sie zeichnen sich durch Eigenschaften wie Intuition, Empathie, Kreativität und ein starkes Bedürfnis nach sozialer Gerechtigkeit aus. Diese Merkmale ermöglichen es Indigo-Erwachsenen, eine tiefere Verbindung zu ihrem eigenen inneren Selbst herzustellen, die das Manifestieren steuern. Indigo-Erwachsene haben oft ein ausgeprägtes Bewusstsein für ihre innere Stimme und ihre Intuition. Diese Fähigkeit, sich auf ihre inneren Gefühle und Wahrnehmungen zu verlassen, gibt ihnen einen Vorteil beim Manifestieren. Sie sind in der Lage, ihre Wünsche und Ziele klarer zu definieren, was ein entscheidender Schritt im Manifestationsprozess ist. Es ist so, dass Klarheit über die eigenen Absichten und Wünsche eine fundamentale Voraussetzung für erfolgreiches Manifestieren ist. Indigo-Erwachsene können durch ihre intuitive Natur oft schneller zu dieser

Klarheit gelangen.

Ein weiteres Merkmal von Indigo-Erwachsenen ist ihre Fähigkeit, tiefere emotionale Zustände zu erfahren. Emotionen sind eine der stärksten Kräfte im Manifestationsprozess, da sie die energetische Ausstrahlung eines Individuums beeinflussen. Indigo-Erwachsene können durch ihre emotionale Sensibilität eine stärkere Resonanz mit den Energieschwingungen des Universums erzielen. Wenn sie positive Emotionen wie Freude, Liebe und Dankbarkeit empfinden, senden sie kraftvolle energetische Signale aus, die den Manifestationsprozess unterstützen.

Die universellen Gesetzmäßigkeiten, wie das Gesetz der Anziehung besagen, dass Gleiches Gleiches anzieht. Indigo-Erwachsene scheinen aufgrund ihrer energetischen Frequenzen und ihrer bewussten Absichten besser in der Lage zu sein, mit diesen Gesetzen in Einklang zu treten. Ihre erhöhte Sensibilität ermöglicht es ihnen, die feinen energetischen Strömungen um sie herum wahrzunehmen und sich entsprechend auszurichten. Dies bedeutet, dass sie bewusster mit ihren Gedanken und Gefühlen umgehen können, was den Manifestationsprozess erheblich beeinflusst.

Indigo-Erwachsene sind oft sehr kreativ und verfügen über eine lebhafte Vorstellungskraft. Diese Fähigkeiten sind entscheidend für das Manifestieren, da sie es ermöglichen, Visionen und Ideen in die Realität umzusetzen. Durch kreativen

Ausdruck, sei es in der Kunst, Musik oder im Schreiben, können Indigo-Erwachsene ihre Wünsche visualisieren und manifestieren. Diese kreative Energie verstärkt nicht nur ihre Absichten, sondern hilft ihnen auch, eine positive energetische Ausstrahlung zu bewahren, die für das Manifestieren notwendig ist.

Sie haben häufig eine starke Verbindung zu ihrem höheren Selbst. Das ist der Teil ihrer Seele, der mit dem universellen Bewusstsein verbunden ist. Diese Verbindung ermöglicht es ihnen, ihre Wünsche und Ziele in Einklang mit ihrem Lebenszweck zu setzen. Wenn die Absichten und Wünsche im Einklang mit dem höheren Selbst stehen, wird der Manifestationsprozess nicht nur erleichtert, sondern auch die Wahrscheinlichkeit erhöht, dass die manifestierten Ergebnisse im besten Interesse der Seele sind.

Obwohl Indigo-Erwachsene über viele Vorteile im Manifestationsprozess verfügen, stehen sie auch vor Herausforderungen, die ihre Fähigkeiten beeinflussen können. Oft fühlen sie sich in einer Welt, die ihre sensiblen und intuitiven Eigenschaften nicht immer wertschätzt, isoliert oder missverstanden. Diese inneren Konflikte können den Manifestationsprozess erschweren, wenn sie nicht erkannt und verarbeitet werden. Indigo-Erwachsene müssen lernen, ihre emotionalen Herausforderungen zu bewältigen und sich von negativen Energien zu befreien, um ihre Manifestationskraft voll ausschöpfen zu können.

Indigo-Erwachsene sind häufig sehr sensibel gegenüber den energetischen Strömungen des kollektiven Bewusstseins. Diese Sensibilität kann sowohl eine Stärke als auch eine Herausforderung sein. Während sie in der Lage sind, positive Veränderungen zu manifestieren, können sie auch von negativen Energien und kollektiven Ängsten beeinflusst werden. Es ist wichtig, dass Indigo-Erwachsene lernen, ihre eigene energetische Ausstrahlung zu schützen und sich auf ihre eigenen Wünsche und Ziele zu konzentrieren, um ihre Manifestationskraft nicht zu verlieren. Deswegen sind Indigo-Erwachsene aufgrund ihrer besonderen Eigenschaften und Fähigkeiten tatsächlich besser im Manifestieren als andere. Ihre Intuition, emotionale Sensibilität, kreative Energie und Verbindung zum höheren Selbst geben ihnen die Möglichkeit, in Harmonie mit den universellen Gesetzmäßigkeiten zu agieren. Während sie einige Herausforderungen überwinden müssen, haben sie das Potenzial, ihre Manifestationskraft erheblich zu beeinflussen und positive Veränderungen in ihrem Leben und der Welt um sie herum zu bewirken. Indem sie sich ihrer einzigartigen Fähigkeiten bewusst sind und lernen, diese gezielt einzusetzen, können Indigo-Erwachsene nicht nur ihre eigenen Träume verwirklichen, sondern auch einen bedeutenden Beitrag zur evolutionären Entwicklung des kollektiven Bewusstseins leisten.

Das kollektive Bewusstsein

Indigo-Erwachsene haben aufgrund ihrer Empathie, Sensibilität, kreativen Ausdrucksformen und spirituellen Führerschaft das Potenzial, einen starken Einfluss auf die kollektive Energie auszuüben. Ihre Fähigkeit, die Energien um sie herum wahrzunehmen und zu beeinflussen, sowie ihr Engagement für positive Veränderungen tragen dazu bei, das kollektive Bewusstsein anzuheben und eine harmonischere und gerechtere Welt zu schaffen.

Indigo-Erwachsene sind häufig mit einem ausgeprägten spirituellen Bewusstsein ausgestattet, das sie in die Lage versetzt, als spirituelle Führer oder Lehrer zu fungieren. Ihre tiefen Einsichten und intuitiven Fähigkeiten ermöglichen es ihnen, andere auf ihrer eigenen spirituellen Reise zu inspirieren und zu unterstützen. Sie haben oft die Gabe, komplexe spirituelle Konzepte auf verständliche Weise zu vermitteln, was es anderen erleichtert, sich mit ihrer eigenen Spiritualität auseinanderzusetzen. Indigo-Erwachsene ermutigen andere, ihre eigene Spiritualität zu erforschen und zu vertiefen. Sie schaffen Räume, in denen Menschen sich sicher fühlen, ihre Fragen zu stellen, ihre Zweifel zu äußern und ihre innersten Wünsche zu erkennen. Durch ihre authentische Präsenz und ihre Fähigkeit, tiefere Wahrheiten zu erkennen, motivieren sie andere, sich mit ihrem inneren Selbst zu verbinden und ihre eigene spirituelle Identität zu entdecken. Diese Art der Inspiration kann dazu führen, dass Menschen beginnen, ihre Lebensweise zu überdenken und sich auf einen Weg der persönlichen und spirituellen Entwicklung begeben.

Ein wichtiger Punkt des spirituellen Wachstums, den Indigo-Erwachsene fördern, ist die Verbindung zu höheren Bewusstseinszuständen. Sie ermutigen andere Praktiken wie Meditation, Achtsamkeit und energetische Heilung zu nutzen, um ihre Wahrnehmung zu erweitern und ein tieferes Verständnis für die universellen Zusammenhänge zu entwickeln. Durch diese Praktiken können Individuen lernen, ihre eigenen Energien zu regulieren, sich von negativen Einflüssen zu befreien und sich auf eine höhere Frequenz auszurichten.

Die Führung, die von Indigo-Erwachsenen ausgeht, kann einen bedeutenden Beitrag zur Erhöhung des kollektiven Bewusstseins leisten. Indem sie ihre Einsichten und Erfahrungen teilen, schaffen sie ein Bewusstsein für spirituelle Themen, die für viele Menschen von Bedeutung sind. Diese kollektive Erhöhung des Bewusstseins kann zu einem positiven energetischen Wandel in der Gesellschaft führen, wenn sie den Fokus auf

Mitgefühl, Liebe und Verständnis lenken. Wenn mehr Menschen ihre eigene Spiritualität erkunden und sich mit höheren Bewusstseinszuständen verbinden, kann dies zu einer harmonischen und unterstützenden Gemeinschaft führen.

Wenn Individuen beginnen, sich ihrer eigenen spirituellen Natur bewusst zu werden und sich aktiv mit ihr auseinanderzusetzen, verändert sich nicht nur ihre persönliche Realität, sondern auch die Energie, die sie in ihre Gemeinschaften und die Welt tragen. Diese positive Verschiebung kann dazu führen, dass sich Menschen stärker miteinander verbunden fühlen, ein größeres Bewusstsein für soziale und ökologische Verantwortung entwickeln und sich für positive Veränderungen in ihrem Umfeld einsetzen.

Viele Indigo-Erwachsene sind in der Energiearbeit oder alternativen Heilmethoden tätig und diese Berufung ist oft tief in ihrer Natur verwurzelt. Ihre einzigartigen Fähigkeiten und sensiblen Wahrnehmungen ermöglichen es ihnen, auf einer energetischen Ebene zu arbeiten, die über das Physische hinausgeht. Sie sind in der Lage, sowohl individuelle Heilungsprozesse zu unterstützen als auch zur Heilung und Harmonisierung der kollektiven Energie beizutragen.

Indigo-Erwachsene verfügen häufig über ausgeprägte intuitive Fähigkeiten, die es ihnen ermöglichen, die energetischen Blockaden und Ungleichgewichte in anderen Menschen zu erkennen. Diese Sensibilität ist nicht nur eine

Gabe, sondern auch eine Verantwortung, die sie annehmen, um anderen zu helfen. Sie können intuitiv spüren, wo Heilung benötigt wird und sind in der Lage, geeignete Techniken und Methoden anzuwenden, um diese Heilung zu fördern. Dies kann durch verschiedene Praktiken geschehen, wie Chakra-Heilung, energetische Massagen oder andere Formen der energetischen Therapie.

Die heilenden Praktiken von Indigo-Erwachsenen gehen über die individuelle Ebene hinaus. Wenn sie ihre Fähigkeiten einsetzen, um das Wohlbefinden von Einzelpersonen zu fördern, schaffen sie eine positive energetische Ausstrahlung, die sich auf die Gemeinschaft und darüber hinaus auswirken kann. Diese kollektive Heilung kann dazu beitragen, Spannungen abzubauen, Harmonie zu fördern und ein Gefühl der Verbundenheit innerhalb einer Gruppe oder Gesellschaft zu stärken.

Durch ihre Arbeit in der Energieheilkunde tragen Indigo-Erwachsene zur Verbesserung des allgemeinen Wohlbefindens bei. Sie helfen nicht nur dabei, körperliche und emotionale Beschwerden zu lindern, sondern fördern auch ein tieferes Verständnis für das eigene Selbst und die eigene Energie. Wenn sie Menschen dazu ermutigen, sich mit ihrer inneren Welt auseinanderzusetzen, tragen sie dazu bei, dass Individuen ein gesünderes und erfüllteres Leben führen.

Indigo-Erwachsene schaffen oft energetische Räume, in denen Heilung und Transformation stattfinden können. Diese Räume können physische Orte wie Heilungszentren, Meditationsräume oder sogar virtuelle Gemeinschaften sein. In diesen Räumen können Menschen zusammenkommen, um ihre Energie zu teilen, zu lernen und zu wachsen. Die kollektive Energie, die in solchen Zusammenkünften erzeugt wird, kann äußerst kraftvoll sein und trägt zur Schaffung eines unterstützenden und heilenden Umfelds bei.

Die Arbeit von Indigo-Erwachsenen in der Energieheilung ist oft eng mit spirituellen Praktiken verbunden. Sie integrieren Techniken wie Meditation, Achtsamkeit und Visualisierung, um die energetische Arbeit zu vertiefen. Diese Praktiken helfen nicht nur bei der Heilung, sondern fördern auch das persönliche Wachstum und die spirituelle Entwicklung. Durch die Verbindung von energetischer Heilung und Spiritualität können Indigo-Erwachsene einen ganzheitlichen Ansatz bieten, der das Wohlbefinden körperlich, emotional und spirituell unterstützt.

Indigo-Erwachsene sind häufig mit der Fähigkeit gesegnet, transformative Prozesse in ihrem eigenen Leben zu durchlaufen. Diese tiefgreifenden Veränderungen sind nicht nur persönliche Meilensteine, sondern dienen auch als inspirierende Vorbilder für andere. Ihre Reise ist oft geprägt von Herausforderungen, die sie mit

Mut und Entschlossenheit annehmen und ihr Wachstum zeigt eindrucksvoll, dass Veränderung nicht nur möglich, sondern auch notwendig ist. Indigo-Erwachsene durchleben oft bedeutende Herausforderungen, sei es in Form von emotionalen, spirituellen oder physischen Kämpfen. Diese Erfahrungen sind nicht nur Prüfungen, sondern auch Gelegenheiten für tiefgreifendes Wachstum und Entwicklung. Indem sie sich diesen Herausforderungen stellen und sie überwinden, demonstrieren sie, dass es möglich ist, sich aus schwierigen Situationen zu befreien und ein erfülltes Leben zu führen. Ihre Fähigkeit, aus Schmerz und Leid, Stärke und Weisheit zu schöpfen, inspiriert andere, ähnliche Wege zu gehen und ihre eigenen Hindernisse zu überwinden.

Die transformative Reise von Indigo-Erwachsenen hat oft eine weitreichende Wirkung auf ihr Umfeld. Wenn sie offen über ihre Erfahrungen sprechen und ihre Erkenntnisse teilen, bieten sie anderen nicht nur Hoffnung, sondern auch praktische Werkzeuge und Strategien zur Selbsthilfe. Diese Vorbildfunktion kann dazu führen, dass Menschen, die sich in ähnlichen Situationen befinden, ermutigt werden, ihre eigenen inneren Kämpfe anzunehmen und aktiv an ihrer persönlichen Entwicklung zu arbeiten.

Die individuellen Transformationsprozesse von Indigo-Erwachsenen tragen zur Schaffung eines kollektiven Bewusstseins für Veränderung und

Heilung bei. Wenn mehrere Menschen in einer Gemeinschaft beginnen, sich mit den Themen Transformation und Selbstheilung auseinanderzusetzen, entsteht ein kraftvolles energetisches Feld, das die gesamte Gruppe beeinflusst. Diese kollektive Energie fördert nicht nur das individuelle Wachstum, sondern auch ein gemeinsames Verständnis dafür, dass Heilung und Wandel nicht nur möglich, sondern auch notwendig sind, um ein harmonisches und erfülltes Leben zu führen.

Indigo-Erwachsene erkennen oft, dass das Teilen ihrer Erfahrungen eine heilende Wirkung auf andere haben kann. Durch Workshops, Seminare, Schreiben oder andere Ausdrucksformen können sie ihre Geschichten und Erkenntnisse weitergeben. Diese Form des Teilens schafft eine Verbindung zwischen den Menschen und fördert ein Gefühl der Gemeinschaft und des Verständnisses. Indem sie ihre eigenen Herausforderungen und die damit verbundenen Lektionen offenbaren, ermutigen sie andere, sich ebenfalls mit ihren inneren Themen auseinanderzusetzen und den Weg der Heilung zu beschreiten.

Indigo-Erwachsene zeichnen sich oft durch eine ausgeprägte Kreativität aus, die sich in verschiedenen Ausdrucksformen manifestiert, darunter Kunst, Musik, Schreiben und andere kreative Disziplinen. Diese kreativen Talente sind nicht nur persönliche Ausdrucksformen, sondern auch kraftvolle Werkzeuge, um tiefere Botschaften zu kommunizieren und natürlich wie schon öfter erwähnt, gesellschaftliches Bewusstsein zu schaffen.

Für viele Indigo-Erwachsene ist Kreativität eine Möglichkeit, ihre inneren Gedanken, Gefühle und Erfahrungen auszudrücken. Kunst, Musik und Schreiben bieten ihnen einen Raum, um ihre einzigartigen Perspektiven und Einsichten in der Welt zu teilen. Diese Ausdrucksformen ermöglichen es ihnen, komplexe emotionale und spirituelle Themen zu verarbeiten und in eine Form zu bringen, die für andere zugänglich ist. Durch kreative Arbeiten können sie ihre innere Welt nach außen tragen und eine Verbindung zu anderen Menschen herstellen.

Die kreativen Werke von Indigo-Erwachsenen fungieren oft als Katalysatoren für Veränderungen in der Gesellschaft. Wenn sie wichtige soziale, emotionale oder spirituelle Themen ansprechen, regen sie die Betrachter oder Zuhörer zum Nachdenken an und fordern sie heraus, ihre eigenen Überzeugungen und Perspektiven zu hinterfragen. Kunstwerke, Musikstücke oder literarische Texte können dabei helfen, Bewusstsein für gesellschaftliche Probleme zu schaffen, Empathie zu fördern und einen Dialog über Veränderungen anzustoßen.

Die Fähigkeit von Indigo-Erwachsenen, ihre Emotionen in kreativen Arbeiten auszudrücken, kann eine starke emotionale Resonanz hervorrufen.

Menschen, die mit diesen Werken in Berührung kommen, fühlen sich oft berührt und verstanden. Diese emotionale Verbindung kann dazu führen, dass sie sich mit den Themen identifizieren und sich inspiriert fühlen, aktiv zu werden oder Veränderungen in ihrem eigenen Leben herbeizuführen. Indem sie ihre Erfahrungen und Einsichten teilen, schaffen Indigo-Erwachsene eine Gemeinschaft von Gleichgesinnten, die sich gegenseitig unterstützen und ermutigen.

Die kreativen Ausdrucksformen von Indigo-Erwachsenen haben das Potenzial, das kollektive Bewusstsein zu beeinflussen.

Wenn ihre Werke in der Gesellschaft verbreitet werden, tragen sie dazu bei, neue Ideen und Perspektiven zu verbreiten, die das Denken und Fühlen der Menschen verändern können. Diese Veränderungen in der Wahrnehmung können letztlich zu einem Umschwung im kollektiven Bewusstsein führen, der positive Auswirkungen auf die Gemeinschaft und die Welt hat.

Kreative Arbeiten können auch als Werkzeuge zur Heilung und Transformation dienen.

Indigo-Erwachsene nutzen ihre Kunst oft, um persönliche und kollektive Traumata zu verarbeiten und zu heilen.

Durch den kreativen Prozess können sie nicht nur ihre eigenen Emotionen und Erfahrungen transformieren, sondern auch anderen helfen, Heilung zu finden. Kunsttherapie, Musiktherapie und andere kreative Ausdrucksformen werden zunehmend als wirksame Mittel angesehen, um emotionale und psychische Heilung zu fördern.

Die transformative Kraft von Tagebüchern

Wie man dem Buch bereits entnehmen kann, sind Indigo-Erwachsene oft als Seelen mit einer besonderen Sensibilität, tiefen Intuition und einem ausgeprägten kreativen Geist beschrieben. Sie fühlen sich häufig wie „Wanderer zwischen den Welten", sowohl in der spirituellen als auch in der emotionalen Dimension. Für viele von ihnen ist das Führen eines Tagebuchs oder Notizbuchs nicht nur eine Möglichkeit, Gedanken und Gefühle festzuhalten, sondern eine transformative Praxis, die ihnen hilft, ihre innere Welt zu navigieren und ihren Platz im Universum zu finden.

Indigo-Erwachsene sind oft auf der Suche nach ihrer wahren Identität und ihrem Lebenszweck. Das Schreiben in einem Tagebuch bietet ihnen einen sicheren Raum, um tief in ihre Gedanken und Emotionen einzutauchen. Durch regelmäßige Selbstreflexion können sie nicht nur ihre Wünsche und Bedürfnisse klarer erkennen, sondern auch die Gründe für ihre oft intensiven Reaktionen auf die Welt um sie herum verstehen. Fragen wie „Wer bin ich wirklich? Was macht mich glücklich?" können durch das Schreiben beantwortet werden, wobei sich oft unerwartete Einsichten und Aha-Momente offenbaren.

Indigo-Erwachsene nehmen die Emotionen anderer intensiv wahr und tragen oft die Last dieser Empathie. Das Führen eines Tagebuchs ermöglicht es ihnen, ihre eigenen Gefühle zu verarbeiten und zu entladen. Wenn sie ihre Sorgen, Ängste und Freude auf Papier bringen, schaffen sie eine Distanz zu ihren Emotionen, die es ihnen ermöglicht, diese zu analysieren und zu verstehen. Diese Praxis kann nicht nur zu emotionaler Klarheit führen, sondern auch eine heilende Wirkung haben, indem sie den Druck verringert, den sie oft in zwischenmenschlichen Beziehungen empfinden.

Die kreative Ader von vielen Indigo-Erwachsenen ist oft stark ausgeprägt und das Schreiben kann als Katalysator für diese Kreativität wirken.

Tagebücher und Notizbücher bieten nicht nur Platz für das Festhalten von Gedanken, sondern auch für kreative Formen des Ausdrucks, wie Gedichte, Geschichten, Zeichnungen oder Collagen. Diese kreative Praxis kann nicht nur therapeutisch sein, sondern auch neue Ideen und Inspirationen fördern. Auf diese Weise wird das Tagebuch zu einem persönlichen Kreativlabor, in dem die Seele frei fließen kann.

Indigo-Erwachsene haben oft große Visionen und Träume, die sie verwirklichen möchten. Ein Notizbuch wird zu einem wertvollen Werkzeug, um diese Ziele zu definieren, Strategien zu

entwickeln und Fortschritte zu dokumentieren.
Durch das Festhalten von Zielen, Träumen und
Plänen können sie nicht nur einen klaren Fahrplan
für ihre Zukunft entwerfen, sondern auch ihre
Motivation aufrechterhalten. Das Schreiben von
Visionen und positiven Affirmationen kann helfen,
das Unterbewusstsein auf Erfolg und Erfüllung
auszurichten, was zu einem kraftvollen Gefühl der
Selbstermächtigung führt.

In einer Welt voller Reizüberflutung kann das
Führen eines Tagebuchs eine Form der
Achtsamkeitspraxis sein. Indigo-Erwachsene
können durch das Schreiben im Moment
verweilen, ihre Gedanken ordnen und eine tiefere
Verbindung zu sich selbst herstellen. Diese Praxis
kann helfen, Stress abzubauen und ein Gefühl der
Ruhe und Zentrierung fördern. Das tägliche
Festhalten von Gedanken und Erlebnissen
ermöglicht es ihnen, ihre Reaktionen auf
Stressoren zu analysieren und gesündere
Bewältigungsmechanismen zu entwickeln, was
letztendlich zu einem harmonischeren Leben führt.

Indigo-Erwachsene haben oft das Bedürfnis, sich
mit anderen zu verbinden und ihre Erfahrungen zu
teilen. Das Schreiben kann eine Brücke zu anderen
schlagen und den Austausch von Gedanken und
Gefühlen ermöglichen. Ob durch Blogposts,
soziale Medien oder sogar veröffentlichte Bücher.
Das Teilen ihrer Geschichten kann nicht nur für sie
selbst, sondern auch für andere, die ähnliche
Herausforderungen durchleben, sehr bereichernd

sein. Diese Verbindungen können ein Gefühl der Gemeinschaft und Zugehörigkeit schaffen, das für Indigo-Erwachsene oft sehr Wertvoll ist.

Ein Tagebuch dient als chronologisches Dokument der persönlichen Entwicklung. Indigo-Erwachsene können ihre Fortschritte, Herausforderungen und Erfolge festhalten und so einen wertvollen Rückblick auf ihre Reise haben. Indem sie ihre Gedanken und Gefühle über einen längeren Zeitraum hinweg verfolgen, können sie Muster erkennen und die Entwicklung ihrer eigenen Persönlichkeit würdigen. Diese Dokumentation wird zu einem Schatz voller Erkenntnisse, der ihnen hilft, ihre Stärke und Resilienz zu erkennen. Viele Indigo-Erwachsene haben ein starkes spirituelles Bewusstsein und sind oft auf der Suche nach einem tieferen Verständnis ihrer Existenz. Ein Tagebuch kann als Raum für spirituelle Praktiken dienen, indem sie ihre Träume, Meditationserfahrungen oder intuitiven Einsichten festhalten. Das Schreiben über diese spirituellen Erfahrungen kann helfen, ihre eigene Spiritualität zu vertiefen und den eigenen Weg klarer zu erkennen. Diese Praxis kann auch als Werkzeug zur Manifestation von Wünschen und zur Verbindung mit höheren Ebenen des Bewusstseins dienen.

Das Führen von Tagebüchern und Notizbüchern bietet Indigo-Erwachsenen eine Vielzahl von Vorteilen, die sowohl die persönliche Entwicklung als auch das emotionale Wohlbefinden fördern können. Durch Selbstreflexion, kreativen Ausdruck und die Dokumentation ihrer Reise können sie ein tieferes Verständnis für sich selbst und ihre Umgebung entwickeln. Letztendlich ist das Schreiben eine kraftvolle Methode, um die eigene Stimme zu finden, sich mit der Welt zu verbinden und die Herausforderungen des Lebens mit Zuversicht und Klarheit anzugehen.

Indigo-Erwachsene können durch das Schreiben nicht nur ihre innere Welt erkunden, sondern auch die Verbindung zur äußeren Welt stärken. Es ist eine Reise, die sowohl herausfordernd als auch bereichernd ist und die Türen zu einem tieferen Verständnis der eigenen Existenz öffnet. Wenn sie ihre Gedanken und Gefühle auf Papier bringen, schaffen sie nicht nur einen Raum für Heilung und Wachstum, sondern auch ein Erbe, das zukünftige Generationen von Indigos und ähnliche Seelen inspirieren kann.

Indigo-Erwachsene und Tiere

Indigo-Erwachsene sind Menschen, die oft als besonders sensibel, intuitiv und kreativ wahrgenommen werden. Diese Eigenschaften manifestieren sich nicht nur in ihrem Umgang mit Menschen, sondern auch in ihrer Beziehung zu Tieren.

Ein wichtiges Merkmal von Indigo-Erwachsenen ist ihre ausgeprägte Sensibilität. Diese Sensibilität erstreckt sich nicht nur auf zwischenmenschliche Beziehungen, sondern auch auf die Tiere um sie herum. Indigo-Erwachsene haben oft die Fähigkeit, die Emotionen und Bedürfnisse von Tieren intuitiv zu spüren. Sie können die Stimmungen von Tieren wahrnehmen und verstehen, wenn ein Tier Freude, Angst oder Schmerz empfindet.

Indigo-Erwachsene berichten häufig von einer tiefen, intuitiven Verbindung zu Tieren. Sie fühlen sich oft zu Tieren hingezogen, weil sie deren Emotionen und Bedürfnisse intuitiv erfassen können. Diese Empathie ermöglicht es ihnen, eine emotionale Bindung zu Tieren aufzubauen, die über das Gewöhnliche hinausgeht. Diese empathische Verbindung führt dazu, dass

Indigo-Erwachsene oft stark auf die Emotionen von Tieren reagieren. Sie können sich in die Lage eines Tieres versetzen und dessen Schmerz oder Freude nachempfinden. Dies führt häufig zu einem tiefen Mitgefühl und einem Wunsch, Tieren in Not zu helfen.

Aufgrund ihrer Sensibilität und Empathie setzen sich viele Indigo-Erwachsene aktiv für den Tierschutz ein. Sie sind oft leidenschaftlich daran interessiert, das Wohl von Tieren zu fördern und die Missstände, die viele Tiere erleiden, zu bekämpfen.

Indigo-Erwachsene engagieren sich häufig in Tierschutzorganisationen, arbeiten als Freiwillige in Tierheimen oder setzen sich für die Rechte von Tieren in der Gesellschaft ein. Ihr Engagement kann sich auf verschiedene Bereiche erstrecken, einschließlich der Rettung von Tieren aus schlechten Bedingungen.

Viele Indigo-Erwachsene fühlen sich berufen, verletzten oder traumatisierten Tieren zu helfen. Sie nutzen ihre Empathie und Intuition, um die emotionalen und physischen Bedürfnisse dieser Tiere zu erkennen und zu adressieren. Dies kann durch Heilung, Rehabilitation oder einfach durch bedingungslose Liebe geschehen.

Die Beziehung von Indigo-Erwachsenen zu Tieren hat oft auch eine spirituelle Dimension. Viele Indigo-Erwachsene sehen Tiere nicht nur als Lebewesen, sondern als spirituelle Begleiter oder Lehrer, die wichtige Lektionen über das Leben und die menschliche Existenz vermitteln können. Indigo-Erwachsene glauben häufig, dass Tiere eine besondere Weisheit besitzen, die uns helfen kann, die Welt besser zu verstehen. Diese Sichtweise fördert eine tiefere Verbindung zu Tieren, die über das Physische hinausgeht. Tiere können für Indigo-Erwachsene als Spiegel ihrer eigenen Emotionen und Herausforderungen dienen und ihnen helfen, sich selbst besser zu verstehen.

In vielen spirituellen Praktiken spielen Tiere eine wichtige Rolle. Indigo-Erwachsene können Rituale oder Meditationen durchführen, bei denen sie sich mit Tieren verbinden, um spirituelle Einsichten zu gewinnen. Diese Praktiken können ihnen helfen, ihre Intuition zu stärken und eine tiefere Verbindung zur Natur und zum Universum herzustellen.

Indigo-Erwachsene nutzen oft die Präsenz von Tieren als Quelle emotionaler Unterstützung und Heilung. Die beruhigende und liebevolle Energie von Tieren kann Indigo-Erwachsenen helfen, ihre eigenen emotionalen Herausforderungen zu bewältigen.

Viele Indigo-Erwachsene finden Trost und Unterstützung in der Gesellschaft von Tieren, sei es durch Haustiere oder durch die Interaktion mit Therapiehunden und anderen Tieren. Diese Tiere können helfen, Stress abzubauen, Ängste zu lindern und ein Gefühl der Sicherheit und Geborgenheit zu vermitteln. Die Zeit, die Indigo-Erwachsene mit Tieren verbringen, ermöglicht es ihnen, sich mit der Natur zu verbinden und eine Auszeit von der Hektik des Lebens zu nehmen. Diese Verbindung zur Natur ist für viele Indigo-Erwachsene sehr bedeutenswert, da sie ihnen hilft, ihre innere Balance zu finden und sich zu erden.

Indigo-Erwachsene sind oft auf der Suche nach Heilung, sowohl für sich selbst als auch für andere. Tiere spielen auch in diesem Prozess eine wichtige Rolle, indem sie eine Quelle der bedingungslosen Liebe und Unterstützung bieten.

Indigo-Erwachsene nutzen häufig die heilenden Eigenschaften von Tieren, um emotionale und psychische Wunden zu heilen. Die Verbindung zu Tieren kann therapeutisch wirken, indem sie eine Atmosphäre der Akzeptanz und des Verständnisses schaffen.

Viele Indigo-Erwachsene drücken ihre Erfahrungen und Emotionen durch kreative Aktivitäten aus, die Tiere einbeziehen. Dies kann Malerei, Schreiben oder Musik umfassen, die von der Beziehung zu Tieren inspiriert sind. Diese kreativen Ausdrucksformen helfen ihnen, ihre Gefühle zu verarbeiten und die Bedeutung von Tieren in ihrem Leben zu würdigen.

Obwohl die Beziehung von Indigo-Erwachsenen zu Tieren oft tief und bedeutungsvoll ist, können sie auch Herausforderungen und Missverständnisse erleben.

Indigo-Erwachsene können sich manchmal isoliert fühlen, wenn ihre Sensibilität und Empathie von anderen nicht verstanden wird. Diese Isolation kann sich auch auf ihre Beziehung zu Tieren auswirken, da sie sich möglicherweise missverstanden fühlen, wenn sie ihre tiefen Emotionen und Bindungen zu Tieren ausdrücken. Die starke Empathie von Indigo-Erwachsenen kann dazu führen, dass sie sich emotional überwältigt fühlen, insbesondere wenn sie mit Tieren in Not konfrontiert sind. Sie können sich schuldig fühlen, wenn sie nicht in der Lage sind, allen Tieren zu helfen und dies kann zu inneren Konflikten führen.

Kindheitserfahrungen von Indigos

Die Kindheit von Indigo-Erwachsenen ist oft geprägt von einem tiefen Gefühl der Andersartigkeit. Schon in der frühen Kindheit zeigten sie häufig eine ausgeprägte Sensibilität gegenüber ihrer Umgebung und den Emotionen anderer. Diese Kinder konnten sehr empathisch sein, was sie oft in sozialen Situationen überfordert hat, insbesondere wenn sie mit negativen Energien oder Konflikten konfrontiert wurden. Ihre Fähigkeit, die Gefühle anderer zu spüren, konnte dazu führen, dass sie sich in traditionellen Bildungseinrichtungen, die oft wenig Raum für emotionale Intelligenz bieten, unwohl gefühlt haben.

Indigos sind oft sehr neugierig und hatten ein starkes Bedürfnis, die Welt um sich herum zu verstehen. Sie hinterfragten Autoritäten und traditionelle Werte und konnten Schwierigkeiten haben, sich an die konventionellen Lehrmethoden anzupassen. Dieses Verhalten wurde manchmal als „rebellisch" oder „schwierig" interpretiert, was dazu führen konnte, dass sie von Lehrern missverstanden oder ausgegrenzt wurden.

In der Schule erlebten Indigos häufig eine Vielzahl von Herausforderungen. Die traditionelle Schulbildung, die oft auf standardisierte Tests und einheitliche Lernmethoden ausgerichtet war, passte nicht zu den Bedürfnissen dieser Kinder.

Indigo-Kinder zeigten oft eine hohe Kreativität und ein tiefes Verständnis für komplexe Zusammenhänge, was bedeutete, dass sie in einem starren Bildungssystem, das wenig Raum für Individualität lässt, frustriert waren.

Lehrer, die nicht mit den besonderen Bedürfnissen von Indigo-Kindern vertraut waren, hatten Schwierigkeiten, deren Potenzial zu erkennen und zu fördern. Oft wurden Indigo-Kinder als unkonzentriert oder faul wahrgenommen, wenn sie sich weigerten, an traditionellen Lehrmethoden teilzunehmen oder sich mit Inhalten, die sie als irrelevant empfunden haben, zu beschäftigen. Dies hatte zu einem negativen Selbstbild und einem Gefühl der Entfremdung geführt.

Viele Indigo-Erwachsene berichten, dass sie in der Schule oft als Außenseiter wahrgenommen wurden. Viele hatten Schwierigkeiten, Freundschaften zu schließen, da ihre tiefen emotionalen und spirituellen Einsichten schwer zu teilen sind. Diese Isolation kann in der Kindheit zu einem Gefühl der Einsamkeit führen und das Selbstwertgefühl beeinträchtigen.

Indigos zeichnen sich häufig durch eine ausgeprägte Sensibilität und ein tiefes emotionales Verständnis aus. Diese Eigenschaften können sowohl eine Bereicherung als auch eine Herausforderung für ihre Familien darstellen. Viele Indigo-Kinder wuchsen in Familien auf, die entweder nicht in der Lage waren, ihre besonderen Fähigkeiten zu erkennen oder diese als problematisch empfanden. Dies führte oft zu einem Gefühl der Isolation und des Missmutes.

In vielen Fällen sind die Eltern von Indigo-Kindern selbst auf der Suche nach ihrem eigenen Platz in der Welt gewesen. Sie konnten spirituelle Suchende sein oder sich für alternative Lebensweisen interessieren, was zu einer offenen, aber auch chaotischen familiären Atmosphäre führen konnte. Diese Umgebung kann Indigo-Kindern sowohl Sicherheit als auch Unsicherheit bieten. Sie wuchsen in einem Raum auf, der ihre Kreativität fördert, aber auch die Herausforderungen des Lebens in einer nicht immer verständnisvollen Welt mit sich brachte.

Ein zentrales Merkmal der Kindheit von Indigo-Erwachsenen war das Gefühl, anders zu sein. Viele Indigo-Kinder berichteten von einem starken Bewusstsein für die Emotionen ihrer Eltern und Geschwister. Sie nehmen oft die Spannungen und Konflikte in der Familie intensiver wahr, was zu einem übermäßigen Verantwortungsgefühl führen kann. Sie fühlten sich oft in der Rolle des "Heilers" oder "Vermittlers", was für sie emotional belastend war. Die Schwierigkeiten, die Indigo-Kinder in ihren Familien erlebten, konnten auch durch Missverständnisse und unterschiedliche

Werte verstärkt werden. Während Indigo-Kinder oft einen starken Sinn für Gerechtigkeit und Empathie haben, können ihre Eltern traditionelle Werte und Überzeugungen vertreten, die im Widerspruch zu den Überzeugungen ihrer Kinder stehen. Dies kann zu Spannungen und Konflikten führen, wobei Indigo-Kinder häufig das Gefühl hatten, dass ihre Ansichten und Gefühle nicht ernst genommen wurden.

Die Art und Weise, wie in Familien von Indigo-Kindern kommuniziert wurde, spielte eine entscheidende Rolle in ihrer emotionalen Entwicklung. Viele Indigo-Kinder hatten Schwierigkeiten, ihre Gefühle und Gedanken auszudrücken, insbesondere wenn sie das Gefühl hatten, dass ihre Perspektiven nicht geschätzt werden. Dies kann zu innerer Zerrissenheit und einem Gefühl der Entfremdung führen.

Eine offene und ehrliche Kommunikation ist entscheidend, um Indigos zu helfen, sich verstanden und akzeptiert zu fühlen. Familien, die in der Lage sind, einen Raum für Dialog und Ausdruck zu schaffen, ermöglichten es ihren Indigo-Kindern, ihre einzigartigen Talente und Fähigkeiten zu entfalten. In solchen unterstützenden Umgebungen konnten Indigo-Kinder lernen, ihre Sensibilität als Stärke zu betrachten und ihre emotionalen Fähigkeiten zu nutzen, um sich selbst und andere besser zu verstehen. Die Unterstützung und Akzeptanz durch die Familie ist für Indigo-Kinder von größter

Bedeutung. Wenn Eltern und Geschwister die besonderen Eigenschaften und Fähigkeiten eines Indigo-Kindes anerkannten und wertschätzten, konnte dies einen positiven Einfluss auf das Selbstwertgefühl und die emotionale Gesundheit des Kindes haben. Eine liebevolle und akzeptierende familiäre Atmosphäre ermöglichte es Indigo-Kindern, sich selbst zu entfalten und ihre Kreativität auszudrücken.

In vielen Fällen berichten Indigo-Erwachsene von positiven Erfahrungen in ihrer Kindheit, wenn sie in Familien aufwuchsen, die alternative Lebensweisen und spirituelle Praktiken förderten. Solche Umgebungen bieten oft den notwendigen Raum für Wachstum und Selbstentdeckung. Eltern, die die Bedürfnisse ihrer Indigo-Kinder verstehen und unterstützen, ermöglichen es ihnen, ihre einzigartigen Fähigkeiten zu entwickeln und zu nutzen.

Neurodiversität und Indigos

Viele Indigo-Erwachsene zeigen Merkmale, die mit neurodiversen Bedingungen wie Autismus oder ADHS in Verbindung stehen. Diese Merkmale beeinflussen nicht nur ihre Wahrnehmung der Welt, sondern auch ihre Interaktionen mit anderen und ihre Fähigkeit, sich in verschiedenen sozialen Kontexten zurechtzufinden.

Neurodiversität betrachtet neurologische Unterschiede als natürliche Variationen des menschlichen Gehirns, ähnlich wie physische Unterschiede, die in der menschlichen Spezies vorkommen. In diesem Kontext wird die Vielfalt der menschlichen Erfahrungen als wertvoll angesehen, anstatt als etwas, das es zu "heilen" oder zu "ändern" gilt. Indigo-Erwachsene, die möglicherweise neurodiverse Merkmale aufweisen, bringen einzigartige Perspektiven und kreative Lösungsansätze mit sich. Ihre Fähigkeit, die Welt anders wahrzunehmen, kann zu innovativen Ideen und künstlerischen Ausdrucksformen führen, die in der Gesellschaft oft übersehen werden.

Ein wichtiger Punkt der Neurodiversität ist die Art und Weise, wie sie das Lernen und die Kreativität beeinflusst. Indigo-Erwachsene neigen dazu, komplexe Zusammenhänge intuitiv zu erfassen und innovative Lösungen für Probleme zu finden. Diese Fähigkeit, über den Tellerrand hinauszuschauen, kann in kreativen Berufen, Wissenschaft und sozialen Bewegungen von unschätzbarem Wert sein. Ihre Sensibilität kann sie zu einfühlsamen Führungspersönlichkeiten machen, die in der Lage sind, tiefere Verbindungen zu anderen Menschen herzustellen.

Die Verbindung zur Neurodiversität eröffnet die Möglichkeit, eine tiefere Diskussion über die Vielfalt menschlicher Erfahrungen zu führen. Es ist wichtig, das Verständnis und die Akzeptanz für unterschiedliche neurologische Profile zu fördern. Dies kann nicht nur das Wohlbefinden der Indigo-Erwachsenen unterstützen, sondern auch das Bewusstsein für die Stärken und Talente schärfen, die diese Vielfalt mit sich bringt. Eine Gesellschaft, die neurodiverse Menschen wertschätzt, ist besser in der Lage, kreative Lösungen für komplexe Probleme zu finden und geeignete Umgebungen zu schaffen.

Darüber hinaus könnte die Anerkennung von Indigo-Erwachsenen als Teil der neurodiversen Gemeinschaft dazu beitragen, Vorurteile abzubauen und ein inklusiveres Umfeld zu schaffen. Wenn wir die einzigartigen Fähigkeiten und Perspektiven schätzen, die neurodiverse Menschen in die Gesellschaft einbringen, können wir eine Kultur fördern, die Kreativität, Empathie und Verständnis in den Vordergrund stellt.

Bildungseinrichtungen, Arbeitsplätze und Gemeinschaften sollten bestrebt sein, Räume zu schaffen, in denen neurodiverse Individuen ihre Talente entfalten können, ohne sich anpassen oder verstecken zu müssen.

Ein weiterer wichtiger Punkt ist die Rolle von Unterstützungssystemen. Mentoren, Therapeuten und Gemeinschaftsorganisationen können eine entscheidende Rolle dabei spielen, Indigo-Erwachsene auf ihrem Weg zur Selbstentfaltung zu begleiten. Durch gezielte Programme und Workshops können sie lernen, ihre Stärken zu erkennen und zu nutzen, während sie gleichzeitig Strategien entwickeln, um mit Herausforderungen umzugehen. Diese Unterstützung kann das Selbstbewusstsein stärken und eine positive Identität fördern.

Die Diskussion über Neurodiversität und Indigo-Erwachsene ist nicht nur wichtig für das Verständnis dieser speziellen Gruppe, sondern auch für die gesamte Gesellschaft. Indem wir die Vielfalt menschlicher Erfahrungen anerkennen und feiern, können wir eine harmonische und gerechtere Welt schaffen, in der jeder Mensch unabhängig von seinen neurologischen Merkmalen geschätzt und unterstützt wird. Letztendlich profitieren wir alle von einer Gesellschaft, die Vielfalt als Stärke betrachtet und die kreativen Potenziale jedes Einzelnen fördert.

Unbewusste Indigos

Sehr viele Indigo-Erwachsene sind sich oft nicht bewusst, dass sie zu dieser besonderen Gruppe gehören. Sie fühlen sich häufig "anders" oder "nicht dazugehörig", ohne zu wissen, dass es eine Erklärung für ihre Erfahrungen gibt. Mangelnde Informationen über das Konzept der Indigos tragen dazu bei, dass viele Menschen diesen Begriff nie gehört haben und somit auch nicht verstehen, was ihre einzigartigen Eigenschaften bedeuten. Indigo-Erwachsene identifizieren sich oft nicht mit den Erwartungen, die an sie gestellt werden und empfinden dadurch eine tiefe Isolation. In vielen Fällen unterdrücken sie ihre besonderen Fähigkeiten oder Empfindlichkeiten, weil sie in ihrer Umgebung nicht anerkannt oder akzeptiert werden.

Zusätzlich könnten einige Indigo-Erwachsene fälschlicherweise als "problematisch" oder "verhaltensauffällig" diagnostiziert werden, ohne dass ihre besonderen Eigenschaften in Betracht gezogen werden. Viele Menschen sind auf der Suche nach ihrer Identität und ihrem Platz in der Welt. Ohne das Wissen um ihre Indigo-Natur kann es schwierig sein, sich selbst zu verstehen.

Umso wichtiger ist es, Informationen über

Indigo- Erwachsene zu verbreiten und Räume zu schaffen, in denen sie sich verstanden und akzeptiert fühlen können. Auf diese Weise können mehr Menschen ihre einzigartigen Eigenschaften erkennen und annehmen, was ihnen hilft, ein erfülltes und authentisches Leben zu führen. Falls du Menschen kennst, die Indigo Eigentschaften in sich tragen, dann solltest du ihnen unbedingt von den Indigos erzählen und ihnen ans Herz legen, sich ein bisschen mit dem Thema zu beschäftigen.

Wenn das Potenzial im Schatten bleibt

Indigo-Erwachsene tragen das Potenzial in sich, die Welt auf positive Weise zu beeinflussen und tiefgreifende Veränderungen herbeizuführen. Doch was geschieht, wenn sie sich nicht den Herausforderungen stellen und ihr Potenzial nicht anerkennen? In diesem Fall können sie in einen Teufelskreis negativer Erfahrungen geraten, der sowohl ihre innere Welt als auch ihre äußeren Beziehungen stark beeinflusst.

Eine Sache, die viele Indigo-Erwachsene erleben, ist das Gefühl der Entfremdung. Sie fühlen sich oft von der Gesellschaft und den Menschen um sie herum missverstanden, als ob sie in einer Welt leben, die ihre einzigartigen Eigenschaften und Perspektiven nicht akzeptiert. Dieses Gefühl der Isolation kann tiefgreifende emotionale Wunden hinterlassen. In einer Welt, die oft konformistisch und unempfindlich gegenüber den Bedürfnissen von Sensiblen ist, kann das Ignorieren ihrer besonderen Fähigkeiten und der eigenen Identität zu einem ständigen Gefühl der Einsamkeit führen. Stell dir vor, in einem Raum voller Menschen zu sein, aber dennoch das Gefühl zu haben, dass niemand wirklich versteht, wer du bist. Diese Erfahrung ist für viele Indigo-Erwachsene Realität. Der ständige Kampf, sich anzupassen und gleichzeitig die eigene Identität zu bewahren, kann zu einem emotionalen Aufruhr führen, der sich in einer tiefen inneren Leere äußert.

Indigo-Erwachsene sind oft von der Überzeugung durchdrungen, dass sie eine Mission oder einen höheren Zweck im Leben haben. Diese innere Stimme, die sie antreibt, kann jedoch zu einem inneren Konflikt führen, wenn sie nicht aktiv danach streben, ihr Potenzial zu entfalten. Das Gefühl, dass ihre Talente und Fähigkeiten nicht genutzt werden, kann zu einer lähmenden Unzufriedenheit führen.

Dieser innere Konflikt ist frustrierend. Es ist, als ob du an der Schwelle zu einer neuen Realität stehst, aber die Tür bleibt verschlossen, weil du nicht den Mut oder die Klarheit hast, sie zu öffnen. Emotionale Herausforderungen wie Angst, Depression oder Wut können aus diesem Ungleichgewicht resultieren und dich in einen Strudel aus Selbstzweifeln und innerer Unruhe ziehen.

Indigo-Erwachsene haben oft hohe Ansprüche an sich selbst und neigen dazu, sich übermäßig zu kritisieren. Diese selbstkritischen Gedanken können sie in destruktive Verhaltensmuster führen, die sie daran hindern, ihre wahren Fähigkeiten zu entfalten. Übermäßiger Perfektionismus, das Vermeiden von Herausforderungen oder das

Festhalten an toxischen Beziehungen sind nur einige Beispiele für Verhaltensweisen, die aus dieser inneren Unsicherheit resultieren.

Stell dir vor, du hättest das Talent, ein großartiger Künstler oder ein inspirierender Führer zu sein, aber deine eigenen Ängste und Zweifel halten dich davon ab, den ersten Schritt zu wagen. Diese innere Blockade kann dazu führen, dass du in einem Zustand der Stagnation verharrst, während deine Träume und Wünsche unerfüllt bleiben.

Die emotionale Belastung, die aus dem Ignorieren des eigenen Potenzials resultiert, kann sich nicht nur in psychischen, sondern auch in physischen Symptomen äußern. Indigo-Erwachsene sind oft sehr sensibel und können unter Stress, Schlaflosigkeit oder anderen gesundheitlichen Problemen leiden, die aus ihrer inneren Unruhe resultieren. Der Körper spiegelt oft wider, was im Geist vor sich geht und ein ständiger emotionaler Aufruhr kann zu einem Zustand der Erschöpfung führen.

Das Nichtwirken auf ihr Potenzial kann schließlich dazu führen, dass Indigo-Erwachsene sich in unbefriedigenden Lebensumständen wiederfinden. Sie könnten in Berufen feststecken, die sie nicht erfüllen oder in Beziehungen, die nicht authentisch sind. Diese Erfahrung kann sich anfühlen wie ein Gefängnis, in dem das Leben an ihnen vorbeizieht, während sie das Gefühl haben, nicht aktiv daran teilzunehmen.

Um diesen negativen Aspekten entgegenzuwirken, ist es entscheidend, dass Indigo-Erwachsene sich selbst erkennen und ihr Potenzial annehmen. Der Weg zur Selbstakzeptanz erfordert Mut, Selbstreflexion und die Bereitschaft, sich den eigenen Ängsten zu stellen. Wenn sie sich ihren einzigartigen Eigenschaften und ihrer Mission widmen, können sie ein erfülltes Leben führen und die positiven Veränderungen in der Welt bewirken, die sie anstreben.

Es ist ein herausfordernder, aber auch lohnender Prozess. Indigo-Erwachsene müssen lernen, die Stimme ihrer inneren Weisheit zu hören und ihr Licht in die Welt zu tragen. Indem sie ihre Talente nutzen und ihre Wahrheit leben, können sie nicht nur ihr eigenes Leben transformieren, sondern auch das Leben der Menschen um sie herum bereichern.

Der Weg zur Selbstverwirklichung ist nicht immer einfach, aber er ist notwendig, um die Welt zu einem besseren Ort zu machen. Und das ist die wahre Bestimmung eines Indigo-Erwachsenen.

Das ideale Zuhause für Indigo-Erwachsene

Ihr Zuhause kann ein heiliger Raum werden, der ihre Einzigartigkeit fördert und ihnen hilft, sich in ihrer Haut wohlzufühlen. Die Gestaltung eines solchen Zuhauses erfordert ein feines Gespür für Details, eine harmonische Umgebung und einen Raum, der sowohl Rückzug als auch Inspiration bietet.

Farben sind mehr als nur visuelle Elemente. Sie haben die Kraft, unsere Emotionen zu beeinflussen und unsere Stimmung zu verändern.

Indigo-Erwachsene reagieren oft besonders empfindlich auf Farben, weshalb die Farbgestaltung des Zuhauses mit Bedacht gewählt werden sollte.

Sanfte Blautöne, Erdtöne und Grüntöne schaffen eine entspannende Atmosphäre, die das Gefühl von Ruhe und Gelassenheit fördert. Diese Farben können helfen, den Geist zu beruhigen und Stress abzubauen.

Eine Wand in einem tiefen Indigo- oder Violettton kann nicht nur einen kraftvollen Akzent setzen, sondern auch ein Gefühl von Tiefe und Spiritualität vermitteln. Ergänzt man die Farbgestaltung mit künstlerischen Elementen wie Wandmalereien oder handgemachten Wandbehängen, kann es die kreative Ader widerspiegeln.

Indigo-Erwachsene benötigen Rückzugsorte, an denen sie sich entspannen, meditieren oder einfach nur nachdenken können. Diese Räume sollten eine ruhige, harmonische Atmosphäre bieten und zum Verweilen einladen.

Dazu kann man einen eigenen Raum oder eine ruhige Ecke mit bequemen Kissen, Decken und beruhigenden Elementen wie Pflanzen oder sanften Lichtquellen gestalten. Ein kleiner Wasserbrunnen oder eine Duftlampe kann außerdem die Sinne ansprechen und eine friedvolle Umgebung schaffen. Ein gemütlicher Sessel oder eine kleine Leseecke, ausgestattet mit einer warmen Lichtquelle und einer Auswahl an inspirierenden Büchern, kann helfen, kreativität auszudrücken und Gedanken zu ordnen. Am besten fügt man noch einige Notizbücher oder Skizzenblätter hinzu, um spontane Ideen festzuhalten.

Indigo-Erwachsene haben oft eine tiefe Verbindung zur Natur. Ihr Zuhause sollte daher Elemente der Natur einbeziehen, um diese Verbindung zu stärken. Zimmerpflanzen verbessern nicht nur die Luftqualität, sondern bringen auch Lebendigkeit in den Raum. Man sollte Pflanzen wählen wie Friedenslilien, Aloe vera oder Ficus, die pflegeleicht sind und eine beruhigende Wirkung haben. Ein vertikaler Garten oder eine kleine Kräuterecke in der Küche kann

kann zusätzlich Freude bringen. Große Fenster, die viel Tageslicht hereinlassen, können die Verbindung zur Außenwelt stärken und eine positive Stimmung fördern. Vorhänge sollte man aus natürlichen Materialien nutzen, um den Raum zu gestalten und gleichzeitig den Lichteinfall zu regulieren.

Indigo-Erwachsene haben oft ein starkes kreatives Bedürfnis. Ein Raum, der speziell für kreative Aktivitäten gestaltet ist, kann enorm hilfreich sein. Ein Bereich mit Tischen, Kunstmaterialien und Werkzeugen, die leicht zugänglich sind, kann bei einigen Indigios dazu beitragen, ihre kreative Energie zu fördern. Dieser Raum sollte daher mit inspirierenden Bildern, Farben und Texturen, die deine Fantasie anregen, gestaltet werden.

Wenn Musik eine wichtige Rolle in Leben von Indigo-Erwachsenen spielt, sollte es einen Raum geben, der für das Musizieren und Entspannen geeignet ist. Dieser Raum könnte mit Instrumenten, bequemen Sitzgelegenheiten und einer guten Akustik ausgestattet sein, um die kreative Entfaltung zu fördern.

Ein aufgeräumtes und harmonisches Zuhause ist für Indigo-Erwachsene sehr bedeutend. Unordnung kann zu einem Gefühl der Überwältigung führen und die Kreativität blockieren.

Weniger ist oft mehr. Ein minimalistisches Design kann helfen, Ablenkungen zu reduzieren und die Klarheit zu fördern. Möbel und Dekorationen sollte man wählen, die sowohl funktional als auch ästhetisch ansprechend sind.

Dekorationselemente, die eine persönliche Bedeutung haben, wie Familienfotos, Kunstwerke oder Erinnerungsstücke, können helfen, eine emotionale Verbindung zum Raum herzustellen. Diese Elemente erzählen eine Geschichte und schaffen eine Atmosphäre der Zugehörigkeit.

Indigo-Erwachsene haben oft eine ausgeprägte spirituelle Ader. Ihr Zuhause sollte daher auch Raum für spirituelle Praktiken bieten.

Man kann einen kleinen Altar mit Gegenständen einrichten, die von Bedeutung sind, sei es Kristalle, Kerzen oder Bilder. Dieser Raum kann helfen, Indigo-Erwachsene mit Spiritualität zu verbinden und Momente der Reflexion schaffen.

Ein Raum oder eine Ecke, die für persönliche Rituale oder spirituelle Praktiken genutzt wird, ist daher sehr Vorteilhaft. Dies könnte ein Platz für Yoga, Meditation oder einfach nur Stille sein, um den Alltag hinter sich zu lassen und in sich selbst einzutauchen.

In einer Welt, die von Technologie geprägt ist, ist es wichtig, Zeiten der Entschleunigung zu schaffen. Indigo-Erwachsene profitieren von einem ausgewogenen Verhältnis zwischen digitaler Welt und analoger Entspannung. Dafür ist es gut, Bereiche im Haus, in denen keine Technologie erlaubt ist, zu bestimmen. Diese Zonen helfen, Stress abzubauen und das Bewusstsein für den gegenwärtigen Moment zu fördern. Man sollte sicher stellen, dass diese Zonen einladend und gemütlich sind. Gestaltet man einen Raum für Aktivitäten wie Yoga oder ähnlichen, hilft der Raum, den Geist zu beruhigen und die Verbindung zum Körper zu stärken. Ein Raum mit weichen Matten, beruhigenden Farben und inspirierenden Bildern kann hier Wunder wirken. Das Zuhause eines Indigo-Erwachsenen sollte ein Ort der Ruhe, Kreativität und Inspiration sein. Es ist für sie von großer Bedeutung, ein Zuhause zu schaffen, das nicht nur funktional, sondern auch energetisch harmonisch ist. In diesem Kontext spielen Feng-Shui und energetische Hausreinigungen eine wichtige Rolle. Feng-Shui, die alte chinesische Lehre von der Harmonisierung von Energie (Qi) in Räumen, bietet Indigo-Erwachsenen wertvolle Werkzeuge, um ihr Zuhause in Einklang mit ihrer inneren Welt zu bringen. Diese Praxis basiert darauf, dass die Anordnung von Möbeln, Farben und Materialien die Energie in einem Raum beeinflusst. Für Indigo-Erwachsene, die oft ein starkes Bedürfnis nach Harmonie und Balance verspüren, kann Feng-Shui helfen, eine Umgebung zu schaffen, die ihre Sensitivität unterstützt und fördert. Eine durchdachte Anordnung der Möbel kann den Fluss der Energie verbessern. Indigo-Erwachsene profitieren von offenen, lichtdurchfluteten Räumen, die eine klare Sicht und Bewegungsfreiheit ermöglichen. Enge oder überfüllte Räume können die empfängliche Natur dieser Individuen belasten.

Neben der Gestaltung des Raumes ist es für Indigo-Erwachsene ebenso wichtig, regelmäßig energetische Hausreinigungen durchzuführen oder durchführen zu lassen. Diese Praktiken helfen, stagnierende oder negative Energien zu beseitigen und einen klaren, positiven Raum zu schaffen, der das Wohlbefinden fördert.

In vielen Fällen kann es hilfreich sein, einen Experten für energetische Hausreinigung hinzuzuziehen, falls man selber keine energetische Hausreinigung vollziehen kann.

Aber es gibt auch so einiges, das jeder für sich alleine machen kann, um sich zu Hause besser zu fühlen.

Jeder kann für sich räuchern. Das Verbrennen von Kräutern wie Salbei, Weihrauch oder Lavendel ist eine traditionelle Methode zur Reinigung von Räumen. Der Rauch hat die Fähigkeit, negative Energien zu vertreiben und eine harmonische Atmosphäre zu schaffen.

Das Platzieren von Kristallen in verschiedenen Bereichen des Hauses kann die energetische Ausstrahlung unterstützen. Kristalle wie Amethyst oder Rosenquarz fördern positive Energien und schaffen eine friedliche Umgebung.

Indigo-Erwachsene können auch ihre eigene Energie nutzen, um ihren Raum zu reinigen. Durch Meditation und das Setzen positiver Absichten können sie die energetische Qualität ihres Zuhauses verändern.

Naturerlebnisse für Indigo-Erwachsene

Der Besuch verschiedener Orte in der Natur kann für Indigo-Erwachsene eine transformative Erfahrung sein, die nicht nur zur emotionalen und mentalen Gesundheit beiträgt, sondern auch das spirituelle Wachstum fördert.

Die Natur bietet einen Rückzugsort, der es Indigo-Erwachsenen ermöglicht, sich von der Hektik des Alltags zu distanzieren und in einen Zustand der inneren Ruhe und Klarheit zu gelangen. Studien zeigen, dass Zeit in der Natur zu verbringen Stress reduziert, das Wohlbefinden steigert und die Kreativität fördert. Für Indigo-Erwachsene, die oft mit intensiven Emotionen und Empfindungen kämpfen, kann die Natur eine Quelle der Heilung und Inspiration sein. Der Aufenthalt in der Natur ermöglicht es ihnen, sich von negativen Einflüssen zu befreien und sich zu regenerieren. Die beruhigenden Klänge von Vogelgesang, das Rauschen von Wasser oder das Rascheln der Blätter können helfen, den Geist zu beruhigen und die Seele zu nähren.

Darüber hinaus wirken sich die natürlichen Umgebungen positiv auf das Nervensystem aus.

Studien zeigen, dass der Aufenthalt in der Natur den Cortisolspiegel senken kann, was zu einer Verringerung von Stress und Angst führt. Indigo-Erwachsene können durch bewusste Atemübungen und Achtsamkeit in der Natur lernen, ihre Emotionen zu regulieren und ein Gefühl der inneren Ruhe finden.

Die Natur ist eine unerschöpfliche Quelle der Inspiration. Indigo-Erwachsene, die oft kreative Talente besitzen, können durch den Kontakt mit der Natur neue Ideen entwickeln und ihre schöpferische Energie freisetzen. Ob beim Wandern durch einen Wald, beim Sitzen am Ufer eines Sees oder beim Erkunden von Bergen, jede Umgebung bietet einzigartige Perspektiven und Anregungen für die Kreativität.

Die Vielfalt der Farben, Formen und Klänge in der Natur kann als Katalysator für kreative Prozesse dienen. Viele Künstler und Schriftsteller berichten von ihren besten Ideen, die ihnen während Spaziergängen in der Natur gekommen sind. Indigo-Erwachsene können dies nutzen, indem sie regelmäßig Zeit in der Natur verbringen und kreative Praktiken wie Malen, Schreiben oder Musizieren in diesen inspirierenden Umgebungen ausüben. Um die volle Wirkung der Natur zu erfahren, ist es für Indigo-Erwachsene wichtig, verschiedene Orte in der Natur zu besuchen. Jeder Ort hat seine eigene energetische Signatur und kann unterschiedliche Erfahrungen und Einsichten vermitteln.

Wälder:

Wälder sind Orte des Rückzugs und der Stille. Die dichten Baumkronen bieten Schutz und schaffen eine Atmosphäre der Geborgenheit.
Indigo-Erwachsene können in Wäldern die heilende Energie der Bäume spüren, die oft als „lebendige Wesen" angesehen werden. Das Gehen auf Waldwegen, das Berühren von Baumrinden und das Atmen der frischen, reinen Luft tragen zur emotionalen und spirituellen Erneuerung bei.
Das Waldbaden, eine Praxis, die ihren Ursprung in Japan hat, hat sich als besonders effektiv erwiesen, um die Gesundheit zu fördern. Es geht darum, die Sinne zu öffnen und die Umgebung bewusst wahrzunehmen. Indigo-Erwachsene können durch das Waldbaden nicht nur Stress abbauen, sondern auch eine tiefere Verbindung zur Natur und zu sich selbst herstellen.

Gewässer:

Gewässer haben eine besondere Anziehungskraft auf Indigo-Erwachsene. Das Element Wasser symbolisiert Fluss, Reinigung und Transformation. Der Klang von Wellen oder plätscherndem Wasser kann beruhigend wirken und tiefere emotionale Prozesse anstoßen. Indigo-Erwachsene können durch Meditation am Wasser oder einfach durch das Sitzen am Ufer eine tiefere Verbindung zu ihren eigenen Emotionen und ihrer Intuition herstellen.

Das Praktizieren von Achtsamkeit am Wasser kann dazu beitragen, emotionale Blockaden zu lösen und eine tiefere Einsicht in die eigenen Gefühle zu gewinnen. Indigo-Erwachsene können auch Rituale am Wasser durchführen, wie das Schreiben von Sorgen auf Steinen und das anschließende ins Wasser werfen, um symbolisch loszulassen.

Die Erhabenheit von Bergen inspiriert oft zu tiefen spirituellen Einsichten. Indigo-Erwachsene, die in die Berge wandern oder einfach nur die Aussicht genießen, können sich mit der Energie der Erde verbinden und das Gefühl von Weite und Freiheit erleben. Die Höhenlagen fördern nicht nur die körperliche Gesundheit, sondern auch die geistige Klarheit und den Zugang zu höheren Bewusstseinsebenen.

Berge:

Das Wandern in den Bergen kann eine Form der Meditation in Bewegung sein. Indigo-Erwachsene können die Herausforderungen der Wanderung nutzen, um ihre eigene innere Stärke zu erkennen und zu entfalten. Die Aussicht von einem Gipfel kann als Metapher für das Überwinden von Hindernissen im Leben dienen und das Gefühl der Erfüllung und des Erfolgs hervorrufen.

Wiesen und Felder:

Offene Wiesen und Felder bieten Raum für Unendlichkeit und Freiheit. Hier können Indigo-Erwachsene die Weite des Himmels und die Schönheit der Natur in vollem Umfang genießen. Das Sitzen oder Liegen auf einer Wiese kann eine meditative Erfahrung sein, die es ihnen ermöglicht, sich mit der Erde zu verbinden und ihre Gedanken und Gefühle in den Wind zu lassen.

Das Erleben von Sonnenuntergängen oder Sternenhimmeln auf einer Wiese kann eine zutiefst spirituelle Erfahrung sein. Indigo-Erwachsene können diese Momente nutzen, um ihre Dankbarkeit für das Leben auszudrücken und eine tiefere Verbindung zum Universum herzustellen.

Bewusstes Träumen

Bewusstes Träumen auch als Klarträumen bekannt, ist ein Zustand, in dem der Träumer sich bewusst ist, dass er träumt und in der Lage ist, den Traum aktiv zu steuern. Dieser Zustand kann durch verschiedene Techniken erreicht werden, wie z. B. durch Reality-Checks, Traumtagebuchführung und Meditation. Während des bewussten Träumens haben die Träumer die Möglichkeit, ihre Träume zu erkunden, ihre Ängste zu konfrontieren und sogar spirituelle Einsichten zu gewinnen.

Die Psychologie des bewussten Träumens ist komplex und umfasst verschiedene Aspekte des menschlichen Geistes. Psychologen und Neurowissenschaftler haben herausgefunden, dass das bewusste Träumen sowohl die kognitive als auch die emotionale Verarbeitung fördert. Es ermöglicht den Träumenden, Probleme zu lösen, kreative Lösungen zu finden und sich mit ihren inneren Konflikten auseinanderzusetzen. Für Indigo-Erwachsene kann dieser Prozess besonders wertvoll sein, da sie oft mit intensiven Emotionen umgehen müssen und nach Wegen suchen, ihre Erfahrungen zu integrieren.

Für Indigo-Erwachsene kann das bewusste Träumen eine wertvolle Methode sein, um sich mit ihren früheren Leben zu verbinden. Diese Verbindung kann auf verschiedene Weisen erlebt werden.

Indigo-Erwachsene haben oft eine tiefere Verbindung zu ihren inneren Welten und können in ihren Träumen Zugang zu Erinnerungen aus vergangenen Leben erhalten. Diese Erinnerungen können in Form von Bildern, Emotionen oder Symbolen erscheinen und den Träumenden dazu anregen, über frühere Erfahrungen nachzudenken.

Das bewusste Träumen ermöglicht es Indigo-Erwachsenen, diese Erinnerungen aktiv zu erforschen und zu verstehen. Sie können beispielsweise alte Traumata erkennen, die noch immer ihre gegenwärtigen Beziehungen und Verhaltensweisen beeinflussen.

Die Erkundung früherer Leben im Traumzustand kann auch als eine Möglichkeit der Heilung dienen. Indigo-Erwachsene können in ihren Träumen auf unverarbeitete Emotionen oder Traumata stoßen, die sie aus früheren Inkarnationen mitgebracht haben. Durch das bewusste Träumen haben sie die Möglichkeit, diese Wunden zu konfrontieren, sie zu heilen und sich von belastenden Energien zu befreien. Dies kann zu einem Gefühl der Befreiung und des inneren Friedens führen, da sie lernen, mit diesen Erfahrungen umzugehen und sie zu integrieren.

Ein weiterer Aspekt des bewussten Träumens für Indigo-Erwachsene ist die Möglichkeit, karmische Lektionen zu erkennen und zu lernen. Oft tragen wir bestimmte Lektionen oder Herausforderungen aus vergangenen Leben in unser aktuelles Leben mit. Im Traum können Indigo-Erwachsene diese Lektionen in einem sicheren Raum erkunden, was ihnen hilft, ein tieferes Verständnis für ihre gegenwärtigen Lebenssituationen zu entwickeln. Sie können Muster erkennen, die sich wiederholen und lernen, wie sie diese Veränderungen in ihrem Leben umsetzen können.

Um das bewusste Träumen zu fördern und die Erkundung früherer Leben zu erleichtern, können Indigo-Erwachsene verschiedene Techniken anwenden.

Traumtagebuch:

Das Führen eines Traumtagebuchs ist eine der effektivsten Methoden, um das bewusste Träumen zu fördern. Indigo-Erwachsene sollten ihre Träume sofort nach dem Aufwachen aufschreiben, um die Erinnerungen festzuhalten. Durch das regelmäßige Aufzeichnen ihrer Träume können sie Muster erkennen und wichtige Themen identifizieren, die mit früheren Leben in Verbindung stehen. Das Schreiben kann auch als therapeutische Praxis angesehen werden, die dazu beiträgt, emotionale Blockaden zu lösen.

Meditation und Achtsamkeit können helfen, den Geist zu beruhigen und die Intuition zu stärken. Indigo-Erwachsene können vor dem

Schlafengehen meditieren, um sich auf das bewusste Träumen vorzubereiten und ihre Absicht zu setzen, in ihren Träumen auf frühere Leben zuzugreifen.

Achtsamkeitspraktiken:

Diese können auch helfen, die Klarheit und den Fokus während des Traums zu erhöhen. Wenn sie lernen, im gegenwärtigen Moment zu sein, können sie auch die Übergänge zwischen Wachzustand und Traumzustand besser wahrnehmen.

Reality-Checks:

Reality-Checks sind Techniken, die dazu dienen, den Träumer während des Traums zu erkennen, dass er träumt. Indigo-Erwachsene können sich angewöhnen, während des Tages regelmäßig zu überprüfen, ob sie träumen. Dies kann durch Fragen geschehen wie: „Kann ich fliegen? Diese Praxis hilft, das Bewusstsein zu schärfen und kann dazu führen, dass die Träumenden im Traum erkennen, dass sie sich in einem Traumzustand befinden. Wenn sie diese Technik regelmäßig anwenden, können Indigo-Erwachsene ihre Fähigkeit verbessern, bewusst zu träumen und gezielt auf frühere Leben zuzugreifen.

Trauminkubation:

Das ist eine Technik, bei der der Träumer eine spezifische Frage oder Absicht in den Schlaf mitnimmt. Indigo-Erwachsene können sich vor dem Schlafengehen auf die Suche nach Antworten zu ihren früheren Leben konzentrieren. Dies kann durch das Aussprechen einer Absicht oder das Visualisieren des gewünschten Traumerlebnisses geschehen. Indem sie ihre Absichten klar formulieren, können sie den Fokus auf bestimmte Themen oder Erinnerungen lenken, die sie erkunden möchten.

Die Einsichten, die Indigo-Erwachsene aus ihren Träumen über frühere Leben gewinnen, können transformative Auswirkungen auf ihr gegenwärtiges Leben haben. Diese Einsichten können ihnen helfen, ihre Lebensaufgabe besser zu verstehen, ihre Beziehungen zu klären und persönliche Herausforderungen zu bewältigen. Das Verständnis der eigenen Vergangenheit kann Indigo-Erwachsenen helfen, ein klareres Bild von ihrer Identität zu entwickeln. Wenn sie erkennen, welche Erfahrungen und Lektionen sie aus früheren Leben mitgebracht haben, können sie besser nachvollziehen, warum sie bestimmte Eigenschaften oder Verhaltensweisen in ihrem aktuellen Leben zeigen. Dieses Wissen kann zu mehr Selbstakzeptanz und innerem Frieden führen. Die Erkundung früherer Leben kann als Teil des

spirituellen Wachstums betrachtet werden.
Indigo-Erwachsene können lernen, sich von alten
Mustern und Glaubenssätzen zu befreien, die sie
möglicherweise daran hindern, ihr volles Potenzial
auszuschöpfen. Durch die Heilung vergangener
Wunden und das Erkennen karmischer Lektionen
können sie sich auf ihre spirituelle Entwicklung
konzentrieren und ihre intuitiven Fähigkeiten
weiter stärken.
Viele Indigo-Erwachsene haben das Gefühl, dass
ihre Beziehungen von karmischen Verbindungen
geprägt sind. Durch das Verständnis ihrer früheren
Leben können sie die Dynamik ihrer aktuellen
Beziehungen besser verstehen. Dies kann zu einer
tieferen Empathie, Vergebung und einem stärkeren
Gefühl der Verbundenheit führen. Sie sind in der
Lage, alte Konflikte zu lösen und gesunde,
erfüllende Beziehungen aufzubauen.
Indigo-Erwachsene besitzen einzigartige
Fähigkeiten und Empfindungen, die es ihnen
ermöglichen, das bewusste Träumen als wertvolles
Werkzeug für persönliches und spirituelles
Wachstum zu nutzen. Durch die erwähnten
Techniken, können sie einen Zugang zu ihren
früheren Leben erlangen und tiefere Einsichten in
ihre gegenwärtigen Herausforderungen und
Möglichkeiten gewinnen.
Das bewusste Träumen bietet Indigo-Erwachsenen
die Möglichkeit, sich von alten Wunden zu
befreien, karmische Lektionen zu lernen und ihre
Identität sowie ihren Lebensweg besser zu

verstehen. Indem sie ihre Träume aktiv erkunden und steuern, können sie ihre eigene Realität transformieren, In der Verbindung von Traum und Realität finden Indigo-Erwachsene einen kraftvollen Raum für ihre spirituelle Entfaltung und persönliche Heilung.

Selbstliebe

Ein wichtiger Aspekt für Indigo-Erwachsene ist die Selbstliebe.
Selbstliebe ist der Akt, sich selbst mit Mitgefühl, Verständnis und Wertschätzung zu begegnen.
Es ist eine grundlegende Voraussetzung für das persönliche Wachstum und das emotionale Wohlbefinden. Für Indigo-Erwachsene ist Selbstliebe besonders wichtig, da sie oft in einer Welt leben, die ihre Sensitivität und Individualität nicht immer versteht oder schätzt. Selbstliebe ermöglicht es ihnen, sich selbst zu akzeptieren, ihre Einzigartigkeit zu feiern und sich von äußeren Meinungen zu lösen.
Selbstliebe beginnt mit der Selbstakzeptanz. Indigo-Erwachsene müssen lernen, sich selbst so zu akzeptieren, wie sie sind, mit all ihren Stärken und Schwächen. Oft neigen sie dazu, sich mit anderen zu vergleichen oder sich für ihre Sensibilität zu schämen. Selbstakzeptanz bedeutet, die eigene Einzigartigkeit zu erkennen und zu schätzen. Es bedeutet, sich selbst als wertvoll und liebenswert zu betrachten, unabhängig von den Meinungen anderer. Die Reise zur Selbstakzeptanz kann herausfordernd sein, insbesondere in einer Gesellschaft, die oft Perfektion und Konformität

fördert. Indigo-Erwachsene sollten sich bewusst machen, dass es in Ordnung ist, anders zu sein. Sie sind hier, um ihre eigenen Wege zu gehen und eine tiefere Verbindung zu ihrer inneren Wahrheit zu finden.

Indigo-Erwachsene haben oft intensive emotionale Erfahrungen, die aus ihrer Sensitivität resultieren. Diese Emotionen können überwältigend sein und zu inneren Konflikten führen. Selbstliebe bietet einen Raum für emotionale Heilung. Wenn sie lernen, sich selbst zu lieben, können Indigo-Erwachsene Verletzungen aus der Vergangenheit annehmen und heilen. Dies kann durch Praktiken wie Tagebuch führen, Meditation oder Therapie geschehen, die es ihnen ermöglichen, ihre Gefühle zu verarbeiten und zu verstehen.

Emotionale Heilung erfordert Zeit und Geduld. Indigo-Erwachsene sollten sich erlauben, den Prozess in ihrem eigenen Tempo zu durchlaufen. Sie können von der Unterstützung eines Therapeuten oder eines spirituellen Beraters profitieren, um ihre inneren Konflikte zu bearbeiten und ein tieferes Verständnis für ihre emotionalen Bedürfnisse zu entwickeln.

Ein weiterer wesentlicher Aspekt der Selbstliebe ist das Setzen von Grenzen. Indigo-Erwachsene sind oft empathisch und fühlen die Emotionen anderer Menschen stark. Dies kann dazu führen, dass sie sich überfordert oder ausgebrannt fühlen.

Selbstliebe bedeutet, sich selbst die Erlaubnis zu geben, Grenzen zu setzen und sich vor toxischen Beziehungen oder Situationen zu schützen. Es ist wichtig, dass sie lernen, „Nein" zu sagen und sich Zeit für sich selbst zu nehmen, um ihre Energie zu regenerieren.

Das Setzen von Grenzen kann eine Herausforderung darstellen, insbesondere für Menschen, die es gewohnt sind, anderen zu gefallen oder Konflikte zu vermeiden.

Indigo-Erwachsene sollten sich bewusst machen, dass das Setzen von Grenzen nicht egoistisch ist, sondern eine notwendige Praxis zur Selbstfürsorge. Es kann hilfreich sein, klare und respektvolle Kommunikationstechniken zu erlernen, um ihre Bedürfnisse auszudrücken.

Obwohl Selbstliebe für Indigo-Erwachsene von entscheidender Bedeutung ist, stehen sie oft vor spezifischen Herausforderungen, die diesen Prozess erschweren können.

Indigo-Erwachsene leben häufig in einer Gesellschaft, die ihre Sensitivität und Individualität nicht immer versteht oder schätzt. Sie können sich isoliert oder missverstanden fühlen. Der Druck, sich anzupassen oder den Erwartungen anderer gerecht zu werden, kann es schwierig machen, die eigene Identität und die damit verbundene Selbstliebe zu erkennen und zu akzeptieren.

Dieser gesellschaftliche Druck kann sich in verschiedenen Formen zeigen, sei es durch familiäre Erwartungen, berufliche Anforderungen oder gesellschaftliche Normen. Indigo-Erwachsene sollten sich bewusst machen, dass ihre Sensitivität eine Stärke ist, die sie nicht verstecken müssen. Es ist wichtig, sich mit Menschen zu umgeben, die ihre Einzigartigkeit schätzen und unterstützen.

Viele Indigo-Erwachsene haben hohe Ansprüche an sich selbst und streben nach Perfektion. Dieser Perfektionismus kann dazu führen, dass sie sich selbst kritisieren und ihre eigenen Leistungen herabsetzen. Selbstliebe erfordert jedoch, dass sie lernen, Fehler zu akzeptieren und sich selbst die Erlaubnis zu geben, unvollkommen zu sein. Es ist wichtig, sich daran zu erinnern, dass Wachstum und Lernen oft aus Fehlern resultieren.

Indigo-Erwachsene sollten sich bewusst machen, dass Perfektion eine Illusion ist. Jeder Mensch hat Schwächen und macht Fehler und das ist völlig normal. Anstatt sich selbst zu verurteilen, können sie sich darauf konzentrieren, aus ihren Erfahrungen zu lernen und sich weiter entwickeln.

Sie haben oft traumatische Erfahrungen gemacht, die ihre Sicht auf sich selbst und ihre Fähigkeit zur Selbstliebe beeinflussen können. Die Verarbeitung dieser Erfahrungen erfordert Zeit und Geduld. Selbstliebe bedeutet, sich selbst den Raum zu geben, um zu heilen und die eigene Geschichte zu akzeptieren, ohne sich selbst dafür zu verurteilen.

Es ist wichtig, dass Indigo-Erwachsene sich die Unterstützung suchen, die sie benötigen, um ihre Vergangenheit zu verarbeiten. Dies kann wie schon erwähnt, durch Therapie, Gruppensitzungen oder spirituelle Praktiken geschehen. Der Heilungsprozess kann schmerzhaft sein, aber er ist entscheidend für die Entwicklung von Selbstliebe und innerem Frieden.

Um Selbstliebe zu entwickeln und zu stärken, können Indigo-Erwachsene verschiedene Strategien und Praktiken anwenden, wie z. B. Meditation und Achtsamkeit. Das sind kraftvolle Werkzeuge, um das Bewusstsein zu schärfen und sich mit dem eigenen inneren Selbst zu verbinden. Indigo-Erwachsene können durch regelmäßige Meditation lernen, in den gegenwärtigen Moment einzutauchen und ihre Gedanken und Gefühle ohne Urteil zu beobachten. Dies fördert die Selbstakzeptanz und die Fähigkeit, sich selbst mit Mitgefühl zu begegnen.

Talente zeigen

In einer Welt, die oft von Konformität und Massenmeinungen geprägt ist, kann es für Indigo-Erwachsene schwierig sein, ihre einzigartigen Talente und Fähigkeiten zu zeigen. Doch es ist an der Zeit, dass sie sich nicht verstecken, sondern sich trauen, sichtbar zu werden und erfolgreich zu sein.

Viele Indigo-Erwachsene haben Schwierigkeiten, sich in einer Welt zu behaupten, die oft auf Massenmeinungen und Konformität basiert. Sie können sich unwohl fühlen, wenn sie im Mittelpunkt der Aufmerksamkeit stehen und vermeiden es daher, ihre Talente und Fähigkeiten zu zeigen.

Die Angst, nicht akzeptiert oder verstanden zu werden, kann dazu führen, dass Indigo-Erwachsene ihre Talente im Verborgenen halten. Sie befürchten, dass ihre Sensitivität oder Kreativität nicht geschätzt wird und ziehen es vor, sich zurückzuhalten, anstatt sich der Kritik auszusetzen.

Indigo-Erwachsene haben oft eine starke Abneigung gegen große Menschenmengen und laute Umgebungen. Dies kann dazu führen, dass sie sich in sozialen Situationen unwohl fühlen und den Drang verspüren, sich zurückzuziehen. Sie müssen jedoch erkennen, dass es auch andere Wege gibt, sich auszudrücken und erfolgreich zu sein, ohne sich in überfüllte Räume zu begeben. Es ist an der Zeit, dass Indigo-Erwachsene sich nicht länger verstecken, sondern den Mut finden, ihre Talente zu zeigen.

Indigo-Erwachsene sind hier, um ihre einzigartigen Fähigkeiten und Perspektiven in die Welt zu bringen. Wenn sie sich zeigen und ihre Talente ausdrücken, leben sie authentisch und erfüllen ihre Lebensaufgabe. Ihre Präsenz kann anderen helfen, sich ebenfalls zu öffnen und ihre eigenen Talente zu erkennen.

Ihre Geschichten und Erfahrungen können als Vorbilder dienen und anderen helfen, ihre eigenen Ängste zu überwinden. Indem sie ihre Talente teilen, tragen sie zur Schaffung einer unterstützenden Gemeinschaft bei, in der Sensitivität und Kreativität geschätzt werden.

Wir leben in einem Zeitalter, in dem man von überall erfolgreich werden kann, insbesondere durch digitale Plattformen. Indigo-Erwachsene müssen nicht in großen Menschenmengen auftreten, um ihre Botschaft zu verbreiten oder ihre Talente zu zeigen. Sie können soziale Medien, Blogs, Podcasts und andere Online-Plattformen nutzen, um ihre Ideen und kreativen Arbeiten zu teilen. Diese Flexibilität ermöglicht es ihnen, in einem Umfeld zu arbeiten, das ihren Bedürfnissen entspricht.

Indigo-Erwachsene können verschiedene Strategien anwenden, um sich zu zeigen und ihre Talente erfolgreich auszudrücken.

Die digitale Welt bietet Indigo-Erwachsenen die Möglichkeit, ihre Talente ohne den Druck von persönlichen Interaktionen zu präsentieren. Sie können Blogs schreiben, Videos erstellen oder soziale Medien nutzen, um ihre kreative Arbeit zu teilen. Dies ermöglicht es ihnen, eine Community von Gleichgesinnten zu erreichen und ihre Botschaft weit zu verbreiten.

Indigo-Erwachsene sollten sich mit anderen Menschen verbinden, die ähnliche Interessen und Erfahrungen haben. Online-Communities bieten einen Raum, um sich auszutauschen, Unterstützung zu finden und Inspiration zu schöpfen. Diese Verbindungen können den Mut stärken, sich selbst zu zeigen und die eigenen Talente zu entwickeln.

Indigo-Erwachsene müssen nicht sofort große Bühnen betreten. Sie können klein anfangen, indem sie in kleineren Gruppen oder Veranstaltungen sprechen oder ihre Arbeiten in lokalen Cafés oder Galerien ausstellen. Diese kleinen Schritte können helfen, das Selbstvertrauen zu stärken und die Angst vor größeren Auftritten abzubauen.

Indigo-Erwachsene sollten sich bewusst mit ihrem persönlichen Branding auseinandersetzen. Dies beinhaltet ihren einzigartigen Stil, ihre Werte und ihre Botschaft zu definieren. Ein klares Branding hilft, die eigene Identität zu stärken und die Zielgruppe anzusprechen, die ihre Talente schätzt. Indigo-Erwachsene sind hier, um ihre einzigartigen Talente und Perspektiven in die Welt zu bringen.

Es ist an der Zeit, dass sie sich nicht länger verstecken, sondern den Mut finden, sichtbar zu werden und erfolgreich zu sein. In einer Welt, die zunehmend digitale Möglichkeiten bietet, gibt es zahlreiche Wege, um ihre Kreativität und Sensitivität auszudrücken, ohne sich in großen Menschenmengen unwohl zu fühlen.

Indigo-Erwachsene sollten sich daran erinnern, dass ihre Einzigartigkeit eine Stärke ist, die nicht nur ihnen selbst, sondern auch der Welt zugutekommt. Ihre besonderen Fähigkeiten und Perspektiven sind wertvoll und tragen dazu bei, das Bewusstsein zu erweitern und positive Veränderungen herbeizuführen. Wenn sie sich selbst annehmen und ihre Talente zeigen, können sie ihre eigene Lebensqualität verbessern.

Ein weiterer wichtiger Punkt für Indigo-Erwachsene, die sich zeigen möchten, ist die Kraft der Gemeinschaft. Der Austausch mit Gleichgesinnten kann ermutigend und inspirierend sein.

Dies können lokale oder wie schon erwähnt Online-Gruppen sein, die sich mit spirituellen Praktiken, Kreativität oder persönlichem Wachstum befassen. Der Austausch mit anderen, die ähnliche Erfahrungen gemacht haben, kann helfen, das Gefühl der Isolation zu verringern und das Selbstvertrauen zu stärken.

Die Suche nach einem Mentor oder Coach, der die Reise von Indigo-Erwachsenen versteht, kann eine wertvolle Unterstützung sein. Mentoren können praktische Ratschläge geben, ermutigen und helfen, persönliche und berufliche Ziele zu erreichen. Ebenso können Indigo-Erwachsene selbst als Mentoren für andere fungieren, indem sie ihr Wissen und ihre Erfahrungen teilen.

Workshops und Retreats bieten Indigo-Erwachsenen die Möglichkeit, in einem geschützten Raum zu lernen und zu wachsen. Diese Veranstaltungen fördern nicht nur die persönliche Entwicklung, sondern auch das Networking mit Gleichgesinnten.

Indigo-Erwachsene können sich in einer unterstützenden Umgebung entfalten und neue Fähigkeiten erlernen, die ihnen helfen, ihre Talente zu zeigen.

Um ihre Talente erfolgreich zu zeigen, ist es für Indigo-Erwachsene unerlässlich, sich um sich selbst zu kümmern. Selbstfürsorge ist nicht nur wichtig für das emotionale Wohlbefinden, sondern auch für die Fähigkeit, kreativ und produktiv zu sein.

Indigo-Erwachsene sollten sich Zeit nehmen, um regelmäßig über ihre Erfahrungen, Gefühle und Ziele nachzudenken. Dies kann durch Tagebuch schreiben, Meditation oder einfach durch ruhige Momente der Selbstreflexion geschehen. Diese Praxis hilft, Klarheit zu gewinnen und sich mit den eigenen Bedürfnissen und Wünschen zu verbinden. Achtsamkeitspraktiken wie Yoga oder Atemübungen können Indigo-Erwachsenen helfen, Stress abzubauen und im Hier und Jetzt zu leben. Diese Techniken fördern nicht nur das emotionale Gleichgewicht, sondern auch die Kreativität und Intuition. Indigo-Erwachsene sollten sich regelmäßig Zeit für Entspannung und Selbstfürsorge nehmen, um ihre innere Balance zu halten.

Sie sollten auch die verschiedenen kreativen Ausdrucksformen erkunden, die ihnen Freude bereiten. Kreative Aktivitäten sind nicht nur eine Form der Selbstexpression, sondern auch eine Möglichkeit, Stress abzubauen und innere Blockaden zu lösen.

Indigo-Erwachsene sind in der Lage, die Welt auf eine einzigartige Weise zu bereichern. Ihre Einzigartigkeit ist eine Stärke, die es ihnen ermöglicht, authentisch zu leben und ihre Talente zu zeigen. Indem sie sich mit Gleichgesinnten verbinden, Selbstfürsorge praktizieren und ihre Kreativität ausdrücken, können sie erfolgreich sein, ohne sich in großen Menschenmengen unwohl zu fühlen.

Es ist an der Zeit, dass Indigo-Erwachsene sich selbst annehmen und den Mut finden, ihre Stimme zu erheben. Ihre Talente und Perspektiven sind wertvoll und können dazu beitragen, das Bewusstsein zu erweitern und positive Veränderungen in der Welt herbeizuführen.

Wenn sie sich zeigen, inspirieren sie nicht nur sich selbst, sondern auch andere und tragen zu einer liebevolleren und verständnisvolleren Gesellschaft bei.

Empfindlichkeit gegenüber elektrischen Feldern

Viele Indigo-Erwachsene berichten von einer erhöhten Empfindlichkeit gegenüber verschiedenen Umweltfaktoren, darunter auch elektrischen Feldern. Diese Empfindlichkeit hat nicht nur Auswirkungen auf ihr tägliches Leben, sondern beeinflusst auch ihr emotionales und körperliches Wohlbefinden.

Elektrische Felder sind unsichtbare Kräfte, die von elektrischen Ladungen erzeugt werden. Sie sind überall um uns herum, insbesondere in modernen Lebensumgebungen, in denen elektronische Geräte weit verbreitet sind. Elektrische Felder entstehen durch Computer, Fernseher, Mobiltelefone und andere Geräte. Sie erzeugen elektrische Felder, die in ihrer Nähe spürbar sind.

Hochspannungsleitungen und elektrische Installationen in Wohn- und Arbeitsräumen tragen zur Schaffung elektrischer Felder bei. Drahtlose Technologien erzeugen elektromagnetische Felder, die ebenfalls als elektrische Felder betrachtet werden können.

Indigo-Erwachsene berichten häufig von einem besonderen Empfinden im Zusammenhang mit

elektrischen Feldern. Diese Empfindlichkeit kann sich auf verschiedene Arten äußern.
Viele Indigo-Erwachsene berichten von körperlichen Beschwerden wie Kopfschmerzen, Müdigkeit, Schwindel oder sogar Übelkeit, wenn sie sich in der Nähe von starken elektrischen Feldern aufhalten. Diese Symptome können nach längerer Exposition gegenüber elektronischen Geräten oder in Umgebungen mit intensiven elektrischen Feldern auftreten.

Emotionale Unruhe:

Die Empfindlichkeit gegenüber elektrischen Feldern kann auch emotionale Reaktionen hervorrufen. Indigo-Erwachsene fühlen sich möglicherweise gereizt, unruhig oder überfordert, wenn sie sich in einer von elektronischen Geräten dominierten Umgebung befinden. Diese emotionale Unruhe kann das allgemeine Wohlbefinden beeinträchtigen und zu Stress führen.

Störung der Intuition:

Indigo-Erwachsene sind bekannt für ihre starke Intuition und Sensibilität gegenüber energetischen Veränderungen in ihrer Umgebung. Elektrische Felder können diese intuitiven Fähigkeiten stören, was dazu führen kann, dass sie sich innerlich unruhig oder desorientiert fühlen.

Sie berichten oft, dass ihre Fähigkeit, klare
Entscheidungen zu treffen oder tiefere Einsichten
zu gewinnen, beeinträchtigt wird.

Die genauen Ursachen für die Empfindlichkeit von
Indigo-Erwachsenen gegenüber elektrischen
Feldern sind noch nicht vollständig verstanden. Es
gibt jedoch einige Theorien, die diese Erfahrungen
erklären könnten.
Indigo-Erwachsene haben oft ein ausgeprägtes
Gespür für energetische Veränderungen. Diese
Fähigkeit könnte sie besonders anfällig für die
subtilen Energien machen, die von elektrischen
Feldern ausgehen. Sie sind möglicherweise in der
Lage, diese Energien intensiver wahrzunehmen als
andere Menschen.
Die moderne Welt ist von einer Vielzahl von
Reizen geprägt und Indigo-Erwachsene haben oft
ein hochsensibles Nervensystem.
Elektrische Felder könnten eine zusätzliche Quelle
der Überstimulation darstellen, die zu körperlichen
und emotionalen Reaktionen führt.
Indigo-Erwachsene haben oft eine tiefere
Verbindung zur Natur und den natürlichen
Energien der Erde. Elektrische Felder, die von
künstlichen Quellen erzeugt werden, könnten als
störend empfunden werden und im Widerspruch zu
ihrem natürlichen energetischen Gleichgewicht
stehen.
Die Empfindlichkeit gegenüber elektrischen
Feldern kann erhebliche Auswirkungen auf das

tägliche Leben von Indigo-Erwachsenen haben. Viele Indigo-Erwachsene suchen nach Möglichkeiten, ihre Exposition gegenüber elektrischen Feldern zu reduzieren. Dies kann bedeuten, dass sie den Gebrauch von elektronischen Geräten minimieren, bestimmte Orte meiden oder spezielle Technologien verwenden, die elektromagnetische Felder reduzieren.

In modernen Arbeitsumgebungen, die oft stark von Technologie geprägt sind, kann es für Indigo-Erwachsene schwierig sein, sich wohlzufühlen. Dies kann zu beruflichen Herausforderungen führen, insbesondere in Berufen, die eine ständige Interaktion mit elektrischen Geräten erfordern.

Die Sensibilität gegenüber elektrischen Feldern kann auch soziale Interaktionen beeinflussen. Indigo-Erwachsene könnten sich in großen Gruppen oder stark technisierten Umgebungen unwohl fühlen, was zu sozialer Isolation oder dem Bedürfnis nach Rückzug führen kann.

Langfristige Exposition gegenüber elektrischen Feldern kann potenziell gesundheitliche Auswirkungen haben. Indigo-Erwachsene, die empfindlich auf diese Felder reagieren, könnten ein höheres Risiko für stressbedingte Erkrankungen oder andere gesundheitliche Probleme haben.

Um mit der Empfindlichkeit gegenüber elektrischen Feldern umzugehen, können

Indigo-Erwachsene verschiedene Strategien in Betracht ziehen.

Die Reduzierung der Bildschirmzeit und die bewusste Auswahl von Geräten, die weniger elektromagnetische Strahlung erzeugen, können helfen, die Belastung zu verringern.

Zeit in der Natur zu verbringen, kann Indigo-Erwachsenen helfen, sich zu erden und ihre energetische Balance wiederherzustellen.

Natürliche Umgebungen haben oft beruhigende und harmonisierende Effekte auf das Nervensystem.

Praktiken wie Meditation, Yoga und Achtsamkeit können Indigo-Erwachsenen helfen, ihre Empfindlichkeit zu regulieren und ein besseres Gespür für ihre eigenen Bedürfnisse zu entwickeln.

Einige Indigo-Erwachsene finden Linderung durch energetische Heilmethoden wie Meditation, Akupunktur oder andere Formen der Energiearbeit, die darauf abzielen, das energetische Gleichgewicht wiederherzustellen.

Die Empfindlichkeit von Indigo-Erwachsenen gegenüber elektrischen Feldern ist ein faszinierendes und oft herausforderndes Merkmal, das ihre Erfahrungen in der modernen Welt prägt. Während diese Empfindlichkeit sowohl physische als auch emotionale Auswirkungen haben kann, gibt es verschiedene Strategien, die Indigo-Erwachsene nutzen können, um ihre Lebensqualität zu verbessern und besser mit ihrer Sensibilität umzugehen. Ein tieferes Verständnis

dieser Erfahrungen kann nicht nur
Indigo-Erwachsenen helfen, sondern auch anderen
Menschen, die mit ähnlichen Herausforderungen
konfrontiert sind, neue Perspektiven und
Unterstützung bieten.

Herausforderungen mit Wohlstand und Fülle

Trotz ihrer bemerkenswerten Qualitäten haben viele Indigo-Erwachsene Schwierigkeiten, Wohlstand und Fülle in ihrem Leben zu manifestieren.

Ein wichtiges Thema, das viele Indigo-Erwachsene betrifft, ist der innere Konflikt zwischen ihrem Selbstwertgefühl und den Erwartungen der Gesellschaft. Oft fühlen sich Indigo-Erwachsene wie Außenseiter oder nicht verstanden, was zu einem geringen Selbstwertgefühl führen kann. Diese inneren Konflikte können sich negativ auf ihre Fähigkeit auswirken, Wohlstand zu erreichen und zu akzeptieren.

Indigo-Erwachsene neigen dazu, sich selbst zu hinterfragen und an ihren Fähigkeiten zu zweifeln. Diese Selbstzweifel können sie daran hindern, Chancen zu ergreifen oder ihre Talente angemessen zu nutzen.

Die Furcht, von anderen abgelehnt oder missverstanden zu werden, kann dazu führen, dass Indigo-Erwachsene sich zurückziehen und ihre Ideen oder Projekte nicht verwirklichen. Diese Angst kann sie daran hindern, ihre kreative Energie in produktive Wege zu lenken, die zu Wohlstand führen könnten.

Indigo-Erwachsene haben oft eine tiefere Verbindung zu spirituellen und ethischen Werten als zu materiellen. Diese Perspektive kann dazu führen, dass sie materielle Belange als weniger wichtig erachten, was ihren Umgang mit Geld und Wohlstand beeinflussen kann.

Viele Indigo-Erwachsene lehnen den übermäßigen Konsum und Materialismus ab, was sie daran hindern kann, die notwendigen Schritte zur finanziellen Sicherheit zu unternehmen. Sie könnten glauben, dass Wohlstand mit oberflächlichen Werten verbunden ist und sich daher von finanziellen Zielen distanzieren.

Indigo-Erwachsene können sich stark auf ihr inneres Wachstum und ihre spirituelle Entwicklung konzentrieren, was sie dazu bringt, finanzielle Angelegenheiten zu vernachlässigen. Diese Priorisierung kann dazu führen, dass sie in materieller Hinsicht zurückbleiben.

Indigo-Erwachsene haben oft Schwierigkeiten, sich in traditionellen beruflichen Umgebungen zurechtzufinden. Ihr kreatives und unkonventionelles Denken kann sie von den Normen und Erwartungen der Arbeitswelt ablenken.

Indigo-Erwachsene haben oft Schwierigkeiten, sich an starre Unternehmensstrukturen und Hierarchien anzupassen. Diese Herausforderungen können dazu führen, dass sie in ihrem Beruf nicht die Erfüllung finden, die sie suchen und folglich auch nicht das finanzielle Wachstum.

Ihre Neigung, gegen das Establishment zu kämpfen und Veränderungen herbeizuführen, kann dazu führen, dass sie in ihrer Karriere unkonventionelle Wege einschlagen. Diese Entscheidungen können zwar zu persönlichem Wachstum führen, aber auch zu finanzieller Unsicherheit.

Die intensive emotionale Sensibilität von Indigo-Erwachsenen kann sie anfällig für Stress und emotionale Belastungen machen, die sich negativ auf ihre Fähigkeit auswirken können, Wohlstand zu manifestieren.

Indigo-Erwachsene fühlen oft die Emotionen anderer Menschen intensiver, was zu emotionaler Erschöpfung führen kann. Diese Überwältigung kann ihre Motivation und Energie beeinträchtigen, was sich negativ auf ihre Bestrebungen auswirkt. Viele Indigo-Erwachsene setzen sich selbst unter Druck, um ihre Ideale zu verwirklichen, was zu Burn-out führen kann. Ein Zustand emotionaler Erschöpfung kann es schwierig machen, sich auf finanzielle Ziele zu konzentrieren oder aktiv nach Wohlstand zu streben.

Indigo-Erwachsene können mit negativen Glaubenssätzen über Geld und Wohlstand aufgewachsen sein, die sie im Erwachsenenalter weiterhin beeinflussen.

Einige Indigo-Erwachsene haben möglicherweise die Vorstellung übernommen, dass Geld schlecht oder unethisch ist. Diese Überzeugung kann dazu führen, dass sie sich unbewusst von Wohlstand abgrenzen, aus Angst, ihre Werte zu kompromittieren.

Indigo-Erwachsene sind oft sehr empathisch und können die kollektiven Ängste und Überzeugungen ihrer Umgebung spüren. Wenn sie in einem Umfeld aufwachsen, das Geld als Quelle von Konflikten und Ungerechtigkeiten betrachtet, kann dies ihre eigene Einstellung zu Wohlstand negativ beeinflussen.

Indigo-Erwachsene sind oft kreativer und intuitiver als praktisch orientiert. Diese Neigung kann dazu führen, dass sie Schwierigkeiten haben, die praktischen Fähigkeiten zu entwickeln, die für den finanziellen Erfolg entscheidend sind.

Viele Indigo-Erwachsene haben möglicherweise nicht die nötige finanzielle Bildung oder das Wissen, um effektiv mit Geld umzugehen. Dies kann dazu führen, dass sie in finanziellen Angelegenheiten unsicher sind und Schwierigkeiten haben, Wohlstand zu schaffen.

Die Neigung zu unkonventionellem Denken kann dazu führen, dass Indigo-Erwachsene Schwierigkeiten haben, langfristige Pläne zu schmieden oder ihre finanziellen Ziele systematisch zu verfolgen.

Sie haben oft eine tiefe spirituelle Überzeugung, die ihr Verständnis von Wohlstand beeinflussen kann.

Indigo-Erwachsene könnten an die Idee glauben,

dass Fülle nicht nur materiell, sondern auch emotional und spirituell ist. Das ist auch richtig, aber wichtig ist die Kombination. Diese Überzeugung kann nämlich dazu führen, dass sie materielle Erfolge als weniger wichtig erachten und sich stattdessen auf andere Formen von Fülle konzentrieren.

Indigo-Erwachsene haben oft das Bedürfnis, anderen zu helfen und zur Gemeinschaft beizutragen. Diese altruistischen Neigungen können sie dazu bringen, ihren eigenen Wohlstand zugunsten anderer zurückzustellen.

Die Herausforderungen, die Indigo-Erwachsene in Bezug auf Wohlstand und Fülle erleben, sind vielschichtig und können auf eine Kombination von inneren Konflikten, gesellschaftlichen Erwartungen und emotionalen Belastungen zurückgeführt werden. Ihre besondere Empfindlichkeit, kreative Denkweise und tief verwurzelten Werte können sowohl Hindernisse als auch Quellen der Stärke sein. Um Wohlstand zu manifestieren, benötigen Indigo-Erwachsene möglicherweise Unterstützung und Strategien, die ihnen helfen, ihre einzigartigen Fähigkeiten und Perspektiven in Einklang mit ihren finanziellen Zielen zu bringen.

Um Indigo-Erwachsenen zu helfen, ihre Herausforderungen in Bezug auf Wohlstand zu überwinden, können folgende Strategien nützlich sein:

Selbstwert und Selbstakzeptanz stärken:

Indigo-Erwachsene sollten daran arbeiten, ihr Selbstwertgefühl zu fördern und sich selbst zu akzeptieren. Positive Affirmationen, Therapie oder Coaching können dabei helfen, Selbstzweifel abzubauen und ein gesundes Selbstbild zu entwickeln.

Finanzielle Bildung:

Es kann hilfreich sein, sich über finanzielle Grundkenntnisse zu informieren, um ein besseres Verständnis für Geldmanagement, Investitionen und Sparstrategien zu erlangen. Workshops, Bücher oder Online-Kurse können wertvolle Ressourcen sein.

Ziele setzen und planen:

Indigo-Erwachsene sollten sich klare, erreichbare Ziele setzen und einen Plan entwickeln, um diese zu erreichen. Das Aufteilen größerer Ziele in kleinere, machbare Schritte kann helfen, Überwältigung zu vermeiden.

Energiearbeit und Achtsamkeit:

Praktiken wie Meditation, Yoga oder andere Formen der Energiearbeit können

Indigo-Erwachsenen helfen, ihre emotionale Balance zu finden und sich mit ihrer inneren Fülle zu verbinden. Diese Praktiken fördern auch das Bewusstsein für die eigenen Bedürfnisse und Wünsche.

Networking und Unterstützung suchen:

Der Austausch mit Gleichgesinnten oder Mentoren kann Indigo-Erwachsenen helfen, sich in sozialen und beruflichen Netzwerken besser zu verankern. Unterstützung aus der Gemeinschaft kann wertvolle Ressourcen und Möglichkeiten bieten.

Positive Glaubenssätze über Geld entwickeln:

Indigo-Erwachsene sollten an ihrer Einstellung zu Geld arbeiten und versuchen, positive Glaubenssätze zu entwickeln. Es kann hilfreich sein, sich auf die positiven Aspekte von Geld und finanzieller Sicherheit zu konzentrieren, wie die Möglichkeiten, die es bietet, um Träume zu verwirklichen und anderen zu helfen.

Kreativität und Talente nutzen:

Indigo-Erwachsene sollten ihre kreativen Talente und einzigartigen Fähigkeiten nutzen, um innovative Lösungen zu finden und neue Wege zu erschließen, um Wohlstand zu generieren. Dies kann in Form von Selbstständigkeit, kreativen Projekten oder Unternehmertum geschehen.

Indigo-Erwachsene haben das Potenzial, bedeutende Beiträge zur Gesellschaft zu leisten und Wohlstand in verschiedenen Formen zu manifestieren. Wenn sie sich ihrer Herausforderungen bewusst werden und proaktive Schritte unternehmen, um diese zu überwinden, können sie ein erfülltes und wohlhabendes Leben führen.

Äußeres Erscheinungsbild

Indigo-Erwachsene können in ihrem äußeren
Erscheinungsbild sehr unterschiedlich sein, da sie
aus allen sozialen, kulturellen und ethnischen
Hintergründen stammen. Es gibt jedoch einige
häufige Merkmale, die oft mit Indigo-Erwachsenen
assoziiert werden:

Aura und Energie:

Viele Menschen berichten von einer besonderen
Ausstrahlung oder Aura, die diese Individuen
umgibt. Diese Aura wird oft als tiefblau oder
indigo beschrieben, was eine Verbindung zu ihrem
Namen und ihrer spirituellen Natur herstellt.
Menschen fühlen sich oft zu Indigo-Erwachsenen
hingezogen, da sie eine beruhigende und
gleichzeitig kraftvolle Präsenz ausstrahlen.

Augen:

Indigo-Erwachsene haben häufig ausdrucksstarke
Augen, die tief und durchdringend wirken. Ihre
Augen können eine besondere Intensität besitzen,
die ja auch das Fenster zur Seele sind. Es wird

gesagt, dass sie in der Lage sind, die Emotionen und Gedanken anderer Menschen intuitiv zu erfassen. Die Augenfarbe kann variieren, wobei viele Indigo-Erwachsene auffällige Blau- oder Grüntöne haben.

Haut:

Indigo-Erwachsene haben oft eine strahlende Haut, die einen gesunden Glanz ausstrahlt.
Sie haben eine besondere Empfindlichkeit gegenüber chemischen Substanzen, was dazu führen kann, dass sie natürliche Produkte bevorzugen. Ihre Haut könnte auch eine gewisse Sensibilität aufweisen, die sich in Reaktionen auf Umwelteinflüsse äußern kann.

Körperhaltung und Ausdruck:

Indigo-Erwachsene neigen dazu, eine aufrechte und selbstbewusste Körperhaltung zu zeigen. Sie wirken oft gelassen und entspannt, selbst in stressigen Situationen. Ihre Mimik und Gestik können sehr ausdrucksstark sein und ihre Emotionen klar widerspiegeln. Viele Indigo-Erwachsene besitzen eine natürliche Anziehungskraft, die andere Menschen anzieht.

Verbindung zu den Elementen

Die Verbindung zu den vier Elementen – Erde, Wasser, Feuer und Luft ist nicht nur ein wichtiger Aspekt vieler spiritueller Traditionen, sondern auch eine wertvolle Ressource für Indigo-Erwachsene. Sie können durch die Auseinandersetzung mit den Elementen ein tieferes Verständnis ihrer selbst und ihrer Rolle in der Welt entwickeln. Jedes Element bietet einzigartige Qualitäten und Möglichkeiten zur Selbstentdeckung, Heilung und inneren Balance.

Erde: Stabilität und Wurzeln

Bedeutung:

Die Erde symbolisiert nicht nur physische Stabilität, sondern auch emotionale Sicherheit und Verwurzelung. Indigo-Erwachsene erleben häufig emotionale Turbulenzen aufgrund ihrer hohen Sensibilität. Die Verbindung zur Erde kann ihnen helfen, sich geerdet zu fühlen, was entscheidend für ihr emotionales Wohlbefinden ist. Diese

Stabilität ist besonders wichtig, um die eigene Identität zu festigen und in einer oft chaotischen Welt nicht verloren zu gehen.

Erdungstechniken:

Indigo-Erwachsene können sich durch verschiedene Erdungstechniken mit der Erde verbinden. Dazu gehört das Barfußlaufen auf natürlichem Boden, das Sitzen oder Liegen auf dem Gras oder das Umarmen eines Baumes. Diese Praktiken fördern nicht nur die physische Verbindung zur Erde, sondern auch das Gefühl von Zugehörigkeit und Sicherheit.

Kristallarbeit:

Kristalle sind wunderbare Werkzeuge, um Erden und Stabilität zu fördern. Kristalle wie Hämatit, Obsidian und Rosenquarz können getragen oder in der Nähe des Schlafbereichs platziert werden, um eine schützende und beruhigende Energie auszustrahlen. Indigo-Erwachsene können auch spezielle Meditationspraktiken entwickeln, bei denen sie Kristalle halten und sich auf ihre erdenden Eigenschaften konzentrieren.

Gartenarbeit:

Das Anlegen eines Gartens oder das Pflegen von Pflanzen kann für Indigo-Erwachsene eine zutiefst heilende Erfahrung sein. Der Kontakt mit der Erde beim Pflanzengießen und Ernten fördert nicht nur die Erdung, sondern auch ein Gefühl der Verantwortung und Fürsorge. Das Beobachten des Wachstums von Pflanzen kann zudem eine Metapher für das eigene Wachstum und die persönliche Entwicklung sein.

Naturwanderungen:

Regelmäßige Ausflüge in die Natur, sei es in den Wald, an den Strand oder in die Berge, können Indigo-Erwachsenen helfen, sich mit der Erde zu verbinden. Während dieser Ausflüge können sie bewusst auf ihre Umgebung achten, die Gerüche, Farben und Geräusche wahrnehmen und sich daran erinnern, wie wichtig es ist, im Hier und Jetzt zu leben.

Wasser: Emotionen und Fluss

Bedeutung:

Wasser steht für Emotionen, Intuition, Heilung und den Fluss des Lebens. Indigo-Erwachsene sind oft sehr empathisch und nehmen die Gefühle anderer intensiv wahr, was sowohl eine Gabe als auch eine Herausforderung sein kann. Die Verbindung zum Element Wasser kann ihnen helfen, ihre eigenen Emotionen zu verstehen, zu verarbeiten und zu integrieren.

Meditation am Wasser:

Indigo-Erwachsene können die heilende Kraft von Wasser nutzen, indem sie an einen ruhigen Ort am Wasser gehen, sei es ein Fluss, ein See oder das Meer. Das Geräusch von Wasser kann beruhigend wirken und eine tiefere Verbindung zu den eigenen Emotionen ermöglichen. Während der Meditation können sie sich auf den Fluss des Wassers konzentrieren und sich vorstellen, wie ihre negativen Emotionen mit dem Wasser abfließen.

Wassertauchung:

Das Eintauchen in Wasser hat reinigende und heilende Eigenschaften. Indigo-Erwachsene können in einem Bad meditieren, während sie sich vorstellen, dass das Wasser alle negativen Energien und emotionalen Blockaden abtransportiert. Das Hinzufügen von ätherischen Ölen oder Kräutern wie Lavendel oder Salbei kann die Erfahrung vertiefen und zusätzliche Heilkräfte entfalten.

Rituale mit Wasser:

Die Schaffung eines Wasseraltars mit Blumen, Steinen oder anderen symbolischen Gegenständen kann eine Möglichkeit sein, Dankbarkeit für die heilende Kraft des Wassers auszudrücken. Indigo-Erwachsene können kleine Zeremonien abhalten, um ihre Emotionen zu ehren und zu klären. Diese Rituale helfen, eine tiefere Verbindung zu den eigenen Gefühlen herzustellen und sie in einen heilsamen Fluss zu bringen.

Tagebuchführung:

Das Führen eines emotionalen Tagebuchs kann eine wertvolle Praxis sein, um die eigenen Gefühle zu erfassen und zu reflektieren. Indigo-Erwachsene können ihre Emotionen aufschreiben, um Klarheit zu gewinnen und zu verstehen, wie sie sich im Fluss des Lebens bewegen. Diese Praxis kann auch helfen, emotionale Muster zu erkennen und zu transformieren.

Feuer: Transformation und Energie

Bedeutung:

Feuer symbolisiert Transformation, Leidenschaft, Kreativität und Energie. Für Indigo-Erwachsene kann die Verbindung zum Element Feuer helfen, innere Blockaden zu überwinden und ihre kreative Energie zu kanalisieren. Feuer hat die Fähigkeit, Altes zu verbrennen und Platz für Neues zu schaffen, was für die persönliche Entwicklung von großer Bedeutung ist.

Feuerrituale:

Indigo-Erwachsene können kleine Feuerrituale durchführen, bei denen sie alte Gedanken, Gewohnheiten oder Emotionen symbolisch ins Feuer werfen. Dies kann in Form von verbrannten Zetteln geschehen, auf denen sie alles festhalten, was sie loslassen möchten. Solche Rituale können eine kraftvolle Möglichkeit sein, sich von der Vergangenheit zu befreien und Platz für neues Wachstum zu schaffen.

Kerzenmeditation:

Kerzen können eine wunderbare Möglichkeit bieten, die Energie des Feuers in die Meditation zu integrieren. Indigo-Erwachsene können Kerzen anzünden und sich während der Meditation auf die Flamme konzentrieren, um ihre innere Leidenschaft und Kreativität zu entfachen. Sie können auch spezielle Absichten formulieren, die sie mit dem Licht der Kerze verbinden.

Tanz um das Feuer:

Das Tanzen oder Bewegen um ein Feuer kann eine kraftvolle Möglichkeit sein, die eigene Energie auszudrücken und sich mit der transformierenden Kraft des Feuers zu verbinden. Indigo-Erwachsene können dabei ihre Gefühle und Kreativität in Bewegung umsetzen und sich erlauben, ganz im Moment zu sein.

Kreative Ausdrucksformen:

Indigo-Erwachsene können verschiedene kreative Ausdrucksformen nutzen, um die Feuerenergie zu kanalisieren. Dazu gehören Malen, Schreiben, Musizieren oder andere künstlerische Tätigkeiten. Diese kreativen Praktiken ermöglichen es ihnen, ihre innere Leidenschaft und Energie auszudrücken und gleichzeitig emotionale Blockaden zu überwinden.

Malen und Zeichnen:

Das Arbeiten mit Farben auf einer Leinwand oder in einem Skizzenbuch kann eine sehr therapeutische Erfahrung sein. Indigo-Erwachsene können sich von ihren Emotionen leiten lassen und spontan malen, ohne sich um das Endergebnis zu kümmern. Diese Art des kreativen Ausdrucks fördert nicht nur die Selbstentfaltung, sondern hilft auch, innere Spannungen abzubauen und eine Verbindung zu ihrer leidenschaftlichen Natur herzustellen.

Schreiben:

Das Schreiben von Geschichten, Gedichten oder Tagebucheinträgen ist eine weitere Möglichkeit, die Energie des Feuers zu nutzen. Indigo-Erwachsene können ihre Gedanken und Gefühle in Worte fassen, um Klarheit zu gewinnen und ihre innere Stimme zu hören. Kreatives Schreiben kann auch als eine Form der Selbsttherapie dienen, indem es ihnen ermöglicht, ihre Erfahrungen zu verarbeiten und zu reflektieren.

Musik und Tanz:

Musik hat die Kraft, Emotionen zu wecken und zu transformieren. Indigo-Erwachsene können Instrumente spielen, singen oder einfach zu ihrer Lieblingsmusik tanzen, um ihre kreative Energie auszudrücken. Tanz ist eine besonders kraftvolle Form des Ausdrucks, die es ihnen ermöglicht, sich frei zu bewegen und ihre Gefühle körperlich auszudrücken. Dies kann eine befreiende Erfahrung sein, die ihnen hilft, sich mit ihrer inneren Leidenschaft zu verbinden.

Handwerk und DIY-Projekte:

Das Arbeiten mit den Händen, sei es durch Töpfern, Nähen, Holzarbeiten oder andere Handwerksprojekte, kann Indigo-Erwachsenen ein

Gefühl der Erfüllung und Kreativität geben. Diese praktischen Tätigkeiten fördern die Verbindung zur Materie und ermöglichen es ihnen, ihre Vorstellungskraft in greifbare Formen zu verwandeln.

Luft: Inspiration und Kommunikation

Bedeutung:

Luft symbolisiert Inspiration, Kommunikation, Intellekt und den Geist. Indigo-Erwachsene sind oft sehr intuitiv und kreativ und die Verbindung zur Luft kann helfen, diese Aspekte zu fördern und zu klären. Die Luft ermöglicht es ihnen, neue Ideen zu entwickeln, ihre Gedanken zu kommunizieren und sich mit anderen zu verbinden.

Atemmeditation:

Atemübungen sind eine hervorragende Möglichkeit, sich mit dem Element Luft zu verbinden. Indigo-Erwachsene können Atemtechniken wie Pranayama oder einfaches tiefes Atmen praktizieren, um Ruhe und Klarheit zu finden. Der Fokus auf den Atem fördert nicht nur die Entspannung, sondern hilft auch, den Geist zu klären und kreative Ideen fließen zu lassen.

Windsymbole:

Indem sie Windspiele, Luftballons oder andere Gegenstände, die mit der Luft assoziiert werden, verwenden, können Indigo-Erwachsene eine symbolische Verbindung zur Luft herstellen. Diese Gegenstände können in ihren Wohnräumen platziert werden, um eine Atmosphäre der Inspiration und Freiheit zu schaffen.

Schreiben und Ausdruck:

Das Schreiben von Gedanken, Gedichten oder Geschichten kann auch als eine Form der Luftarbeit betrachtet werden. Indigo-Erwachsene können ihre Ideen und Emotionen niederschreiben, um ihre innere Stimme zu klären und auszudrücken. Das regelmäßige Schreiben fördert nicht nur die Kreativität, sondern dient auch als Ventil für ihre Gedanken und Gefühle.

Gespräche und Austausch:

Der Austausch mit anderen ist eine wichtige Möglichkeit, sich mit dem Element Luft zu verbinden. Indigo-Erwachsene können sich in Diskussionsgruppen oder Buchclubs engagieren, um ihre Ideen und Perspektiven zu teilen. Diese Gespräche bieten nicht nur Inspiration, sondern helfen auch, das eigene Verständnis zu erweitern und neue Sichtweisen zu entdecken.

Die Verbindung zu den Elementen Erde, Wasser, Feuer und Luft bietet Indigo-Erwachsenen wertvolle Ressourcen zur Selbstentdeckung, Heilung und inneren Balance. Jedes Element bringt einzigartige Qualitäten mit sich, die es ermöglichen, die eigene Sensibilität zu navigieren, die Kreativität zu entfalten und ein erfülltes Leben zu führen. Durch Rituale und Praktiken, die diese Elemente einbeziehen, können Indigo-Erwachsene nicht nur ihre eigene Energie harmonisieren, sondern auch eine tiefere Verbindung zu sich selbst und der Welt um sie herum herstellen.

Wenn sie sich auf die Weisheiten der Elemente einlassen, können Indigo-Erwachsene eine reiche und bedeutungsvolle Reise antreten, die ihnen hilft, ihre einzigartigen Fähigkeiten zu erkennen und zu leben. Dies führt nicht nur zu persönlichem Wachstum und Transformation, sondern auch zu einem tieferen Verständnis ihrer Rolle in der Welt und ihrer Verbindung zu anderen. In dieser harmonischen Beziehung zu den Elementen finden Indigo-Erwachsene die Kraft, ihre Bestimmung zu erfüllen und ein authentisches Leben zu führen.

Meditationen für Indigo-Erwachsene

Meditation zur Stärkung der Intuition und Kreativität

Wir starten mit einer leichten Meditation, die besonders gut für Indigo-Erwachsene geeignet ist, um ihre Intuition zu stärken, sich zu zentrieren und ihre innere Kreativität zu fördern.
Diese Meditation verbindet Achtsamkeit mit Visualisierung und kann in einem ruhigen Raum durchgeführt werden.
Diese Meditation kann regelmäßig praktiziert werden, um die Verbindung zu deiner Intuition und Kreativität zu stärken. Sei geduldig mit dir selbst und akzeptiere, dass jede Meditation anders sein kann. Mit der Zeit wirst du mehr Klarheit und kreative Energie in deinem Leben spüren.

Dauer:

15-30 Minuten

Ruhiger Ort:

Finde einen ruhigen Ort, an dem du ungestört bist. Achte darauf, dass die Umgebung angenehm ist, vielleicht mit sanftem Licht oder leiser Musik im Hintergrund.

Bequeme Position:

Setz dich bequem auf einen Stuhl oder auf den Boden. Achte darauf, dass deine Wirbelsäule aufrecht, aber entspannt ist. Du kannst deine Hände auf deinen Oberschenkeln oder im Schoß ablegen.

Einstimmung:

Schließe sanft die Augen und atme ein paar Mal tief durch, um dich zu entspannen. Fühle, wie sich bei jedem Ausatmen Anspannung und Stress aus deinem Körper lösen.

Atmung:

Beginne mit tiefen Atemzügen. Atme langsam durch die Nase ein und halte den Atem für einen Moment an. Spüre die frische Luft, die deinen Körper erfüllt.
Atme sanft durch den Mund aus und lasse alle Spannungen los. Wiederhole dies einige Male und

spüre, wie sich dein Körper bei jedem Atemzug
mehr entspannt.

Zähle beim Einatmen bis vier, halte den Atem für
vier Zählzeiten an und atme dann für sechs
Zählzeiten aus. Dies fördert eine tiefe
Entspannung.

Erdung:

Stell dir vor, das Wurzeln aus deinen Füßen in die
Erde wachsen. Visualisiere, wie sie tief in den
Boden eindringen und dich mit der Erde verbinden.
Spüre die Stabilität und Sicherheit, die dir diese
Verbindung gibt. Lass die Energie der Erde durch
die Wurzeln in deinen Körper fließen und dich
erden.

Visualisierung:

Stell dir einen strahlenden Lichtball über deinem
Kopf vor. Dieses Licht repräsentiert deine Intuition
und Kreativität. Wähle eine Farbe, die du mit
diesen Eigenschaften assoziierst, wie Indigo, Blau
oder Violett.

Lass mit jedem Atemzug den Lichtball größer
werden. Fühle, wie das Licht durch deinen Kopf,
deinen Hals und deine Schultern fließt und
schließlich deinen ganzen Körper erfüllt.

Visualisiere, wie das Licht dich umhüllt und jeden
Teil deines Körpers mit kreativer Energie und
intuitivem Wissen durchdringt.

Intuition aktivieren:

Stell dir nun vor, dass dieses Licht deine Intuition aktiviert. Du kannst Fragen an deine innere Weisheit stellen, wie z. B.: „Was möchte ich in meinem Leben erschaffen?"
„Wie kann ich meine Kreativität besser nutzen?" Lass die Antworten kommen, ohne sie zu bewerten oder zu analysieren. Achte einfach auf die Gedanken, Bilder oder Gefühle, die aufkommen. Vielleicht spürst du ein Kribbeln oder eine bestimmte Emotion, die dir Hinweise gibt.

Dankbarkeit:

Bedanke dich bei dir selbst für die Zeit, die du dir genommen hast, um dich zu verbinden. Spüre die Dankbarkeit für deine Intuition und Kreativität, die dir zur Verfügung stehen.
Du kannst auch eine kurze Affirmation wiederholen, wie: „Ich bin dankbar für meine Kreativität und die Weisheit meiner Intuition."

Rückkehr:

Atme tief ein und aus. Beginne, deine Umgebung wieder wahrzunehmen. Höre die Geräusche um dich herum und fühle die Unterlage unter dir. Bewege sanft deine Finger und Zehen, um dich zurück ins Hier und Jetzt zu bringen. Öffne langsam die Augen, wenn du bereit bist.

Reflexion:

Nimm dir einen Moment Zeit, um über deine Erfahrungen während der Meditation nachzudenken. Was hast du gefühlt? Welche Einsichten sind aufgetaucht?
Du kannst auch Notizen in einem Tagebuch machen, um die Erkenntnisse festzuhalten.
Schreibe alles auf, was dir in den Sinn kommt, ohne zu zensieren.

Meditation zur Harmonisierung der Chakren und Stärkung der Intuition

Das ist eine Meditation, die Indigo-Erwachsenen helfen kann, ihre Sensibilität und Intuition zu stärken, während sie gleichzeitig eine tiefere Verbindung zu sich selbst und ihrer inneren Weisheit herstellen.
Diese Meditation fokussiert sich auf das Öffnen und Harmonisieren der Chakren, insbesondere des dritten Auges, das oft mit Intuition und innerem Wissen assoziiert wird.
Diese Meditation kann dir helfen, deine Energie zu harmonisieren und deine Intuition zu stärken.
Regelmäßige Praxis kann die Verbindung zu deinem inneren Selbst weiter vertiefen.

Dauer:

20-30 Minuten

Ruhiger Ort:

Such dir einen ruhigen Ort, an dem du dich
wohlfühlst und nicht gestört wirst. Du kannst auch
eine Decke oder ein Kissen für zusätzlichen
Komfort verwenden.

Bequeme Position:

Setz dich bequem in eine aufrechte Position,
entweder im Schneidersitz auf den Boden oder auf
einen Stuhl, so das die Füße den Boden berühren.
Achte darauf, dass deine Wirbelsäule aufrecht ist.

Augen schließen:

Schließe sanft die Augen und atme ein paar Mal
tief durch, um dich zu entspannen. Lass alle
Gedanken und Sorgen los und konzentriere dich
auf den gegenwärtigen Moment.

Atmung:

Beginne mit tiefen Atemzügen. Atme durch die
Nase ein und zähle bis vier, halte den Atem für vier
Zählzeiten an und atme dann durch den Mund aus,

während du bis vier zählst.
Wiederhole dies einige Male und spüre, wie dein
Geist ruhiger wird und du dich mehr zentrierst.
Lass bei jedem Ausatmen alle Spannungen und
Sorgen los.

Erdung:

Visualisiere, wie Wurzeln aus deinen Füßen in die
Erde wachsen. Spüre die Stabilität und Kraft, die
dir diese Verbindung gibt.
Lass alle Anspannung und negative Energie mit
jeder Ausatmung in die Erde abfließen. Stell dir
vor, wie die Erde dich mit ihrer Energie umhüllt
und dir Geborgenheit gibt.

Chakra-Fokussierung:

Wurzelchakra:

Beginne an der Basis bei deinen Füßen.
Visualisiere eine leuchtende rote Kugel, die sich
mit jedem Atemzug dreht und harmonisiert. Spüre,
wie dieses Chakra stabilisierende Energie in deinen
Körper sendet.

Sakralchakra:

Wandere langsam nach oben zu deinem
Sakralchakra. Visualisiere eine orange Kugel, die

Kreativität und Freude ausstrahlt. Lass
die Energie dieses Chakras deine Emotionen
harmonisieren.

Solarplexuschakra:

Führe deine Aufmerksamkeit weiter zum
Solarplexuschakra. Visualisiere eine gelbe Kugel,
die Selbstbewusstsein und Kraft symbolisiert.
Spüre, wie sich dein Selbstvertrauen mit jedem
Atemzug stärkt.

Herzchakra:

Gehe weiter zu deinem Herzchakra. Visualisiere
eine grüne Kugel, die Liebe und Mitgefühl
ausstrahlt. Lass diese Energie dein Herz öffnen und
alle negativen Emotionen loslassen.

Halschakra:

Bewege dich zum Halschakra und visualisiere eine
hellblaue Kugel, die Kommunikation und
Ausdruck symbolisiert. Spüre, wie deine Stimme
klarer und wahrhaftiger wird.

Drittes Auge:

Wandere dann zum dritten Auge in der Mitte
deiner Stirn. Visualisiere eine indigo-farbene

Kugel, die deine Intuition und Weisheit aktiviert.
Spüre, wie sich dein drittes Auge öffnet und
Klarheit und Einsicht bringt.

Kronenchakra:

Gehe schließlich zu deinem Kronenchakra an der
Oberseite deines Kopfes. Visualisiere eine violette
oder weiße Kugel, die deine Verbindung zum
höheren Selbst und zum Universum symbolisiert.
Lass die Energie dieses Chakras dich mit höherem
Wissen und spiritueller Einsicht verbinden.

Integration:

Stell dir vor, wie alle Chakren in harmonischer
Balance sind und miteinander kommunizieren.
Atme tief ein und spüre, wie die Energie durch
deinen Körper fließt, jede Zelle erleuchtet und
erfrischt.
Visualisiere, wie die Farben der Chakren
miteinander verschmelzen und ein strahlendes
Licht erzeugen, das dich umgibt.

Intuitive Fragen:

Nimm dir einen Moment Zeit, um Fragen an deine
Intuition zu stellen. Du kannst fragen: „Was kann
ich tun, um meine Kreativität zu fördern? Wie
kann ich meine Sensibilität besser nutzen?"
Sei offen für die Antworten, die kommen, sei es in

Form von Gedanken, Bildern oder Gefühlen.
Lass die Informationen zu dir fließen, ohne sie zu
bewerten.

Dankbarkeit:

Bedanke dich bei dir selbst für die Zeit, die du dir
genommen hast, um dich mit deinen Chakren und
deiner Intuition zu verbinden.
Fühle die Dankbarkeit für die Einsichten, die du
erhalten hast und für die Energie, die durch dich
fließt.

Rückkehr:

Beginne, deine Umgebung wieder wahrzunehmen.
Atme tief ein und aus, bewege sanft deine Finger
und Zehen und öffne langsam die Augen, wenn du
bereit bist.
Nimm dir einen Moment, um deine neue Energie
und Klarheit zu spüren.

Reflexion:

Nimm dir einen Moment Zeit, um über deine
Erfahrungen während der Meditation
nachzudenken. Was hast du gefühlt? Welche
Einsichten sind aufgetaucht?
Du kannst auch Notizen in einem Tagebuch
machen, um deine Erkenntnisse festzuhalten.

Meditation zur Selbstliebe und Akzeptanz

Das ist eine Meditation, die sich auf das Thema Selbstliebe und Akzeptanz konzentriert. Diese Meditation kann Indigo-Erwachsenen helfen, ihre Sensibilität zu umarmen und ein Gefühl der inneren Sicherheit und des Selbstvertrauens zu entwickeln.

Diese Meditation kann dir helfen, ein tieferes Gefühl der Selbstliebe und Akzeptanz zu entwickeln und deine Sensibilität als wertvollen Teil deiner Identität zu umarmen. Regelmäßige Praxis kann dazu beitragen, dein Selbstbewusstsein und dein inneres Wohlbefinden zu stärken. Nimm dir Zeit für dich selbst und erinnere dich daran, dass du wertvoll und einzigartig bist.

Dauer:

15-25 Minuten

Ruhiger Ort:

Finde einen ruhigen, komfortablen Platz, an dem du ungestört bist. Es kann hilfreich sein, ein paar Kerzen anzuzünden oder sanfte Musik im Hintergrund abzuspielen, um eine entspannende Atmosphäre zu schaffen.

Bequeme Position:

Setz dich bequem hin oder lege dich hin, wenn dir das angenehmer ist. Achte darauf, dass dein Körper entspannt ist und du dich wohlfühlst. Du kannst auch ein Kissen oder eine Decke benutzen, um es dir noch angenehmer zu machen.

Atemzentrierung:

Schließ die Augen und atme ein paar Mal tief durch, um dich zu zentrieren. Lass mit jedem Ausatmen alle Anspannung und Gedanken des Alltags los.

Atmung:

Beginne mit tiefen Atemzügen. Atme durch die Nase ein und zähle bis vier, halte den Atem für einen Moment an und atme dann langsam durch den Mund aus.
Wiederhole dies einige Male: Einatmen (1, 2, 3, 4), halten (1, 2), Ausatmen (1, 2, 3, 4, 5). Fühle, wie sich bei jedem Atemzug dein Körper mehr entspannt und du im Moment ankommst.

Körperbewusstsein:

Lenk deine Aufmerksamkeit auf deinen Körper. Spüre, wie er den Boden berührt. Nimm wahr, wo

du Verspannungen oder Unbehagen spürst und atme in diese Bereiche hinein.
Visualisiere mit jedem Ausatmen, wie du Anspannung loslässt. Stell dir vor, dass die Verspannungen wie dunkle Wolken sind, die mit jedem Atemzug weiter wegziehen.

Herzöffnung:

Leg deine Hände sanft auf dein Herz. Spüre den Herzschlag und die Wärme deiner Hände.
Visualisiere ein sanftes, grünes Licht, das aus deinem Herzen strömt und sich mit jedem Atemzug ausdehnt. Dieses Licht symbolisiert Liebe und Akzeptanz.
Lass das Licht mit jedem Atemzug größer werden, bis es deinen gesamten Körper umhüllt.

Affirmationen:

Wiederhole leise oder laut Affirmationen, die deine Selbstliebe stärken. Einige Beispiele sind:
„Ich bin genug, so wie ich bin."
„Ich liebe und akzeptiere mich bedingungslos."
„Meine Sensibilität ist ein Geschenk, das ich umarme."
Wiederhole jede Affirmation mehrmals und spüre die Energie, die sie in deinem Herzen erzeugt. Lass die Worte in jede Zelle deines Körpers eindringen.

Visualisierung:

Stell dir vor, dass du in einen wunderschönen,
warmen Lichtstrahl gehüllt bist. Dieses Licht
umhüllt dich mit Liebe, Verständnis und
Akzeptanz.
Fühle, wie es alle negativen Gedanken und
Selbstzweifel sanft wegwäscht. Visualisiere, wie
das Licht alle Schatten in deinem Inneren erhellt
und Platz für Selbstliebe schafft.

Verbindung zur inneren Weisheit:

Visualisiere, dass du einen Dialog mit deinem
inneren Kind führst. Es ist der Teil von dir, der
unschuldig und verletzlich ist.
Frage es: „Was brauchst du, um dich geliebt und
sicher zu fühlen?" Höre aufmerksam zu, was es dir
mitteilt. Vielleicht zeigt es dir Bilder oder Gefühle.
Nimm dir Zeit, um auf seine Bedürfnisse
einzugehen.

Dankbarkeit:

Bedanke dich bei dir selbst für die Zeit, die du dir
genommen hast, um Liebe und Akzeptanz in dein
Leben zu bringen.
Spüre die Dankbarkeit für das, was du bist und was
du fühlst. Lasse die Dankbarkeit in deinem Herzen
pulsieren und sich mit dem grünen Licht
verbinden.

Rückkehr:

Beginne, deine Umgebung wieder wahrzunehmen.
Atme tief ein und aus, bewege sanft deine Finger
und Zehen und öffne langsam die Augen, wenn du
bereit bist.
Nimm dir einen Moment, um die Ruhe und den
Frieden, die du geschaffen hast, zu genießen.

Reflexion:

Nimm dir einen Moment Zeit, um über deine
Erfahrungen während der Meditation
nachzudenken. Was hast du gefühlt? Welche
Einsichten sind aufgetaucht?
Du kannst auch Notizen in einem Tagebuch
machen, um deine Erkenntnisse festzuhalten.
Schreibe alles auf, was dir in den Sinn kommt, um
deine Reise zur Selbstliebe und Akzeptanz zu
dokumentieren.

Meditation zur Entdeckung der Berufung

Es gibt eine spezifische Meditation, die
Indigo-Erwachsenen helfen kann, ihrer Berufung
näher zu kommen und Klarheit über ihren
Lebensweg zu gewinnen. Diese Meditation fördert
die Verbindung zur inneren Weisheit und Intuition,
um die eigenen Talente und Leidenschaften zu

erkennen.

Diese Meditation kann dir helfen, deine Berufung zu entdecken und zu verstehen, wie du deine einzigartigen Talente und Fähigkeiten in der Welt einsetzen kannst.

Die regelmäßige Praxis kann deine Verbindung zu deiner inneren Weisheit stärken und dir helfen, deinem Lebensweg mit mehr Klarheit und Selbstvertrauen zu folgen. Nimm dir die Zeit, um in deinem eigenen Tempo zu wachsen und zu lernen.

Dauer:

20-30 Minuten

Ruhiger Ort:

Finde einen ruhigen, ungestörten Ort, an dem du dich wohlfühlst. Du kannst eine Kerze anzünden und sanfte Musik im Hintergrund abspielen, um eine entspannende Atmosphäre zu schaffen.

Bequeme Position:

Setz dich bequem hin oder lege dich hin. Achte darauf, dass dein Körper gut unterstützt wird und du dich wohlfühlst.

Einstimmung:

Schließe die Augen und atme ein paar Mal tief durch, um dich zu zentrieren. Lass mit jedem Ausatmen alle Spannungen und Gedanken des Alltags los.

Atmung:

Beginne mit tiefen Atemzügen. Atme durch die Nase ein und zähle bis vier (1, 2, 3, 4), halte den Atem für einen Moment an (1, 2) und atme dann langsam durch den Mund aus (1, 2, 3, 4, 5). Wiederhole dies einige Male und spüre, wie sich dein Körper bei jedem Atemzug mehr entspannt. Lass die Luft frisch und rein in deinen Körper strömen und alle Anspannung mit jedem Ausatmen los.

Erdung:

Visualisiere, wie Wurzeln aus deinen Füßen in die Erde wachsen. Spüre die Stabilität und Unterstützung, die dir diese Verbindung gibt. Lass alle Sorgen, Ängste und Anspannungen mit jeder Ausatmung in die Erde abfließen. Spüre, wie die Erde dir Kraft und Sicherheit gibt, während du tief verwurzelt bist.

Herzöffnung:

Lege deine Hände sanft auf dein Herz. Spüre den
Herzschlag und die Wärme deiner Hände.
Visualisiere ein warmes, goldenes Licht, das von
deinem Herzen ausgeht und sich mit jedem
Atemzug ausdehnt. Dieses Licht symbolisiert deine
innere Stärke, Klarheit und Liebe zu dir selbst.
Spüre, wie dieses Licht alle Zweifel und
Unsicherheiten erhellt.

Intuitive Verbindung:

Stell dir vor, dass du in einen Raum voller Licht
trittst. In diesem Raum bist du von deiner inneren
Weisheit umgeben. Du kannst Wesenheiten oder
deine spirituellen Führer wahrnehmen, die dich
unterstützen und führen.
Bitte um Klarheit über deine Berufung. Du kannst
leise oder laut fragen: „Was ist meine wahre
Berufung? Wie kann ich meine Talente und
Fähigkeiten am besten nutzen?"
Nimm dir einen Moment Zeit, um in diesem Raum
zu verweilen und die Energie der Unterstützung zu
spüren.

Visualisierung deiner Berufung:

Visualisiere, wie du deine Berufung lebst. Stelle
dir vor, was du tust, wie du dich fühlst und mit
wem du arbeitest. Lass die Bilder lebendig werden

und spüre die Freude und Erfüllung, die damit
verbunden sind.
Achte auf die Emotionen und Gedanken, die
während dieser Visualisierung aufkommen. Diese
sind wichtige Hinweise auf deine wahre Berufung.
Spüre die Begeisterung und das Glück, die dir
zeigen, dass du auf dem richtigen Weg bist.

Einsichten empfangen:

Sei offen für die Antworten, die kommen. Sie
können in Form von Bildern, Worten, Gefühlen
oder sogar körperlichen Empfindungen auftreten.
Lass alles, was aufkommt, ohne Urteil zu dir
kommen.
Wenn Gedanken oder Zweifel auftauchen, so
erkenne sie an und lasse sie sanft los, während du
dich auf die positiven Einsichten konzentrierst.

Dankbarkeit:

Bedanke dich bei deiner inneren Weisheit und den
Wesenheiten, die dich unterstützen. Spüre die
Dankbarkeit für die Einsichten, die du erhalten hast
und für die Klarheit über deinen Lebensweg.
Du kannst auch eine kurze
Dankbarkeitsaffirmation wiederholen, wie: „Ich
bin dankbar für meine einzigartigen Talente und
die Wege, auf denen ich sie einsetzen kann."

Rückkehr:

Beginne, deine Umgebung wieder wahrzunehmen. Atme tief ein und aus, bewege sanft deine Finger und Zehen und öffne langsam die Augen, wenn du bereit bist.
Nimm dir einen Moment, um die Ruhe und Klarheit zu genießen, die du während der Meditation geschaffen hast.

Reflexion:

Nimm dir einen Moment Zeit, um über deine Erfahrungen während der Meditation nachzudenken. Was hast du gefühlt? Welche Einsichten sind aufgetaucht?
Du kannst auch Notizen in deinem Tagebuch machen, um die erhaltenen Einsichten und Ideen festzuhalten. Halte fest, was du während der Visualisierung erlebt hast und notiere alles, was dir wichtig erscheint.

Meditation in der Natur

Diese Meditation zielt darauf ab, deine Sinne zu schärfen, dich mit der Natur zu verbinden und innere Ruhe und Stabilität zu finden.
Sie hilft, emotionale Spannungen abzubauen und innere Ruhe zu finden.
Du schärfst deine Sinne und wirst dir der

Umgebung und deiner eigenen Gefühle bewusster. Diese Meditation kannst du regelmäßig durchführen, um deine Verbindung zur Natur zu vertiefen und deine innere Balance zu stärken.

Ruhiger Ort:

Such dir einen ruhigen und friedlichen Ort in der Natur, wie z. B. unter einem schattenspendenden Baum, auf einer Wiese oder in einem ruhigen Park. Achte darauf, dass du dich wohlfühlst und ungestört bist.

Bequeme Position:

Setz dich bequem auf den Boden oder lege dich hin. Wenn du sitzt, achte darauf, dass dein Rücken gerade ist und lege deine Hände entspannt auf deine Oberschenkel oder in deinen Schoß. Wenn du liegst, lasse deine Arme seitlich neben deinem Körper liegen oder lege sie auf deinem Bauch.

Augen schließen:

Schließe sanft deine Augen, um dich von äußeren Ablenkungen zu befreien. Nimm dir einen Moment Zeit, um dich zu sammeln und in deinen Körper hinein zu spüren.

Atemübung:

Atme tief ein und fülle deine Lungen vollständig mit frischer Luft. Halte den Atem für einen Moment an und atme dann langsam und vollständig aus. Wiederhole dies einige Male, um dich zu entspannen. Zähle beim Einatmen bis vier, halte den Atem für vier Zählzeiten an und atme dann langsam aus, während du bis vier zählst. Lass mit jedem Ausatmen Spannungen und Gedanken los.

Auf die Geräusche der Natur konzentrieren:

Lenke deine Aufmerksamkeit auf die Geräusche um dich herum. Höre die Vögel zwitschern, das Rauschen des Windes in den Blättern, das Plätschern von Wasser oder andere natürliche Klänge. Lass diese Geräusche in dir wirken und nimm sie als Teil der Meditation wahr.

Visualisierung:

Stell dir vor, wie Wurzeln aus deinen Füßen wachsen. Visualisiere, wie diese Wurzeln tief in die Erde eindringen und dich mit der stabilisierenden Energie der Erde verbinden. Fühle, wie die Wurzeln stärker werden und dir Halt geben. Atme die Energie der Erde ein und spüre, wie sie durch deine Wurzeln in deinen Körper strömt. Lass diese Energie durch deine Beine, deinen Bauch und deinen Brustkorb fließen. Fühle, wie sie dich erdet und dir Stabilität gibt.

Innere Ruhe finden:

Bleibe einige Minuten in dieser Visualisierung. Fühle, wie dich die Verbindung zur Erde ruhiger und zentrierter macht. Lass alle Gedanken, Sorgen oder Spannungen los und genieße den Moment der Stille und des Friedens.

Dankbarkeit:

Nimm dir einen Moment Zeit, um dankbar für die Natur um dich herum und für die Energie, die du empfängst zu sein. Erkenne die Schönheit und den Frieden an, welche dir die Natur bietet.

Rückkehr in den gegenwärtigen Moment:

Beginne, wenn du bereit bist, langsam, deine Aufmerksamkeit wieder auf die Umgebung zu lenken. Bewege sanft deine Finger und Zehen, öffne langsam deine Augen und nimm die Farben und Formen um dich herum wahr.

Integration:

Nimm dir einen Moment Zeit, um deine Erfahrungen nachzuspüren. Überlege, wie du die Ruhe und Stabilität, die du während der Meditation gefunden hast, in deinen Alltag integrieren kannst.

Meditation zur Harmonisierung der Emotionen

Diese Meditation hilft dir, emotionale Spannungen zu erkennen und loszulassen, inneren Frieden zu finden und ein Gefühl emotionaler Balance zu fördern.
Wenn du sie regelmäßig praktizierst, kannst du eine tiefere Verbindung zu deinen Emotionen aufbauen und lernen, sie als wertvolle Wegweiser in deinem Leben zu nutzen. Nimm dir die Zeit, die du brauchst, um dich mit deinem inneren Selbst zu verbinden und deine eigene emotionale Landschaft zu erkunden.

Dauer:

20-30 Minuten

Ruhiger Ort:

Suche dir einen ruhigen, angenehmen Ort, an dem du ungestört bist. Du kannst auf einem Stuhl sitzen, im Lotussitz auf dem Boden sitzen oder dich hinlegen. Wähle die Position, die für dich am angenehmsten ist.

Atmosphäre schaffen:

Dimme das Licht, zünde eine Kerze an oder benutze Räucherwerk, um eine beruhigende Atmosphäre zu schaffen. Du könntest auch sanfte Musik oder Naturgeräusche im Hintergrund spielen.

Einstimmung:

Beginne damit, deine Augen zu schließen und dich auf deine Atmung zu konzentrieren. Atme tief durch die Nase ein, halte den Atem kurz an und atme dann langsam durch den Mund aus. Wiederhole dies einige Male und spüre, wie dein Körper mit jedem Atemzug mehr zur Ruhe kommt.

Körperwahrnehmung:

Lenke deine Aufmerksamkeit auf deinen Körper. Beginne bei deinen Füßen und arbeite dich langsam nach oben. Spüre, wie sich jeder Teil deines Körpers anspannt und wieder entspannt. Nimm wahr, wo du möglicherweise emotionale Spannungen speicherst, vielleicht in den Schultern, im Bauch oder im Kiefer. Lass diese Spannungen mit jedem Ausatmen los.

Visualisierung:

Stell dir vor, dass sich in der Mitte deiner Brust ein
sanft leuchtendes Licht befindet. Dieses Licht
repräsentiert dein Herzchakra, die Quelle deiner
Liebe, deines Mitgefühls und deines inneren
Friedens. Mit jedem Atemzug wird dieses Licht
heller, strahlender und wärmer.

Energie spüren:

Fühle, wie das Licht in deinem Herzen pulsiert und
sich mit jedem Atemzug ausbreitet. Es breitet sich
in deinem gesamten Brustbereich aus und umhüllt
dich liebevoll.

Emotionen erkennen und loslassen:

Nimm dir einen Moment Zeit, um die Emotionen
zu erkennen, die du momentan fühlst. Vielleicht ist
es Traurigkeit, Wut, Angst oder Unsicherheit.
Erkenne diese Emotionen an, ohne sie zu
bewerten.

Visualisierung des Loslassens:

Stell dir vor, dass du mit jedem tiefen Atemzug
diese Emotionen in das Licht deines Herzchakras
hinein atmest. Visualisiere, wie du diese Gefühle
sanft in das Licht überträgst. Atme tief ein und

fühle, wie die Emotionen in das strahlende Licht aufgenommen werden. Atme dann aus und lasse sie in diesem Licht transformieren. Lass zu, dass sie sich auflösen und in positive Energie umgewandelt werden.

Stille genießen:

Lass für einige Minuten absolute Stille einkehren. Fühle, wie dich das Licht in deinem Herzen umhüllt und alle negativen Emotionen in positive Energie umwandelt. Stell dir vor, dass du in einem Raum des Friedens und der Gelassenheit bist.

Innere Weisheit:

Höre auf die leisen Stimmen deiner Intuition. Welche Einsichten oder Botschaften kommen zu dir? Vielleicht hast du Bilder, Gedanken oder Gefühle, die dir helfen, deine Emotionen besser zu verstehen.

Affirmation:

Wiederhole in deinem Geist oder laut folgende Affirmation: „Ich lasse alle negativen Emotionen los und empfange Frieden, Liebe und Harmonie." Fühle die Kraft dieser Worte in deinem Herzen und lass sie in deinem gesamten Wesen nachklingen.

Rückkehr:

Wenn du bereit bist, bringe deine Aufmerksamkeit langsam zurück in den Raum. Beginne deine Finger und Zehen sanft zu bewegen. Öffne dann langsam deine Augen und nimm dir einen Moment, um dich an die Umgebung zu gewöhnen.

Reflexion und Integration:

Nimm dir Zeit, um über deine Erfahrungen nachzudenken. Vielleicht möchtest du deine Einsichten in einem Tagebuch festhalten oder sie mit jemandem teilen. Überlege, wie du die gewonnenen Erkenntnisse in deinen Alltag integrieren kannst.

Atemübungen

4-7-8 Atemtechnik

Die erste sehr effektive Atemübung, die
Indigo-Erwachsenen helfen kann, ihre Energie zu
zentrieren, Stress abzubauen und ihre emotionale
Balance zu fördern, ist die „4-7-8 Atemtechnik".
Diese Technik kann helfen, den Geist zu beruhigen
und das Bewusstsein zu schärfen.
Sie ist besonders vorteilhaft für
Indigo-Erwachsene, die oft ein höheres Maß an
Sensibilität und Intensität erleben.

Ruhiger Ort:

Such dir einen ruhigen, ungestörten Ort, an dem du
dich wohlfühlst. Dies kann ein stilles Zimmer, ein
Garten oder ein ruhiger Park sein. Stell sicher, dass
du eine angenehme Temperatur hast und dich nicht
ablenken lässt.

Haltung:

Setz oder lege dich bequem hin. Wähle wenn du
sitzt, einen Stuhl mit gerader Rückenlehne oder

setz dich im Schneidersitz auf den Boden. Halte deine Wirbelsäule aufrecht, um die Atmung zu erleichtern. Deine Hände können entspannt auf den Oberschenkeln, im Schoß oder neben dir liegen.

Intention setzen:

Nimm dir einen Moment Zeit, um eine positive Intention für deine Übung festzulegen. Dies könnte etwas sein wie „Ich lasse Stress los" oder „Ich finde innere Ruhe".

Atmung einleiten:

Schließe sanft deine Augen und nimm ein paar natürliche Atemzüge, um dich auf den Moment einzustellen. Spüre, wie der Atem in deinen Körper einströmt und ihn wieder verlässt.

Einatmen:

Atme durch die Nase ein, während du bis 4 zählst:
Zähle: 1, 2, 3, 4.
Halten:
Halte den Atem an, während du bis 7 zählst:
Zähle: 1, 2, 3, 4, 5, 6, 7.

Ausatmen:

Atme langsam und vollständig durch den Mund

aus, während du bis 8 zählst:
Zähle: 1, 2, 3, 4, 5, 6, 7, 8.

Wiederholen:

Wiederhole diesen Zyklus insgesamt vier Mal.
Nach ein paar Runden kannst du die Anzahl der
Wiederholungen erhöhen, wenn du dich dabei
wohlfühlst. Achte darauf, dass du immer entspannt
bleibst.

Nachspüren:

Nimm dir nach der letzten Runde der Atemübung
einen Moment Zeit, um zu spüren, wie sich dein
Körper und Geist anfühlen. Achte auf
Veränderungen in deinem emotionalen Zustand
und deiner körperlichen Empfindung.
Öffne langsam deine Augen und nehme die
Umgebung bewusst wahr. Beobachte die Farben,
Geräusche und Gerüche um dich herum.
Diese Atemtechnik kann helfen, Stress und Angst
zu reduzieren, indem sie das Nervensystem
beruhigt und die Atmung verlangsamt.

Emotionale Klarheit:

Durch das Fokussieren auf den Atem kannst du
deine Gedanken und Emotionen besser klären und
regulieren, was zu mehr emotionaler Stabilität
führt.

Energiezentrierung:

Die Übung hilft, deine eigene Energie zu
zentrieren und das innere Gleichgewicht zu
fördern, was besonders wichtig für dich ist.
Diese Atemübung kannst du jederzeit durchführen,
wenn du dich gestresst, überwältigt oder emotional
unruhig fühlst. Sie kann auch eine wunderbare
Ergänzung zu deiner täglichen Meditationspraxis
sein oder als Ritual am Morgen oder Abend
genutzt werden, um den Tag zu beginnen oder
abzuschließen.
Experimentiere mit verschiedenen Zeitpunkten und
Situationen, um herauszufinden, wann diese
Technik für dich am effektivsten ist.

Wechselatmung

Eine weitere sehr geeignete Atemübung für
Indigo-Erwachsene ist die „Wechselatmung" (Nadi
Shodhana), eine Technik aus dem Yoga, die hilft,
den Geist zu beruhigen, die Energie zu
harmonisieren und das emotionale Gleichgewicht
zu fördern. Diese Übung kann besonders hilfreich
sein, um Klarheit und innere Ruhe zu finden.
Die Wechselatmung ist eine traditionelle yogische
Atemtechnik, die dazu dient, die Energie im
Körper auszugleichen, den Geist zu beruhigen und
emotionale Klarheit zu fördern. Diese Übung ist
besonders vorteilhaft für Indigo-Erwachsene, die

oft intensive Emotionen und Energien erleben.

Ruhiger Ort:

Finde dir einen ruhigen und komfortablen Ort, an dem du ungestört bist. Das kann ein stilles Zimmer, ein Garten oder ein ruhiger Park sein. Achte darauf, dass der Raum gut belüftet ist und eine angenehme Temperatur hat, falls es ein Zimmer ist.

Haltung:

Setz dich in eine aufrechte Position. Du kannst im Schneidersitz auf dem Boden oder auf einem Stuhl sitzen, wobei deine Füße flach auf dem Boden stehen. Halte deine Wirbelsäule aufrecht, die Schultern entspannt und die Hände auf den Knien oder im Schoß.

Zentrierung:

Schließe die Augen und atme ein paar Mal tief durch, um dich zu zentrieren. Lass deine Atmung natürlich fließen und spüre, wie sich dein Körper mit jedem Atemzug entspannt.

Vorbereitung der Hand:

Verwende deine rechte Hand. Falte den

Zeigefinger und den Mittelfinger ein, sodass nur der Daumen, der Ringfinger und der kleine Finger ausgestreckt sind. Der Daumen wird verwendet, um das rechte Nasenloch zu schließen und der Ringfinger um das linke Nasenloch zu schließen.

Einatmen:

Schließe das rechte Nasenloch mit dem Daumen und atme langsam und tief durch das linke Nasenloch ein, während du bis 4 zählst:
Zähle: 1, 2, 3, 4.

Halten:

Schließe nun das linke Nasenloch mit dem Ringfinger und öffne das rechte Nasenloch. Halte den Atem an, während du bis 4 zählst:
Zähle: 1, 2, 3, 4.

Ausatmen:

Lass die Luft langsam durch das rechte Nasenloch entweichen, während du bis 6 zählst:
Zähle: 1, 2, 3, 4, 5, 6.

Einatmen:

Schließe das rechte Nasenloch erneut mit dem Daumen und atme durch das linke Nasenloch ein,

während du bis 4 zählst:
Zähle: 1, 2, 3, 4.

Halten und Ausatmen:

Wiederhole die Schritte 3 und 4. Fahre mit diesem Zyklus fort, indem du durch das linke Nasenloch einatmest und durch das rechte Nasenloch ausatmest, dann umgekehrt.

Wiederholen:

Führe diese Wechselatmung für etwa 5-10 Minuten durch. Beginne mit 5 Zyklen und verlängere die Dauer nach Bedarf. Achte darauf, während der Übung entspannt zu bleiben.

Nachspüren:

Nimm dir nach der letzten Runde der Wechselatmung einen Moment Zeit, um die Stille und das Gefühl der Ausgeglichenheit in deinem Körper und Geist zu spüren. Öffne langsam deine Augen und nimm die Umgebung um dich herum wahr. Spüre die Energie in deinem Körper und die Klarheit in deinem Geist.

Energieausgleich:

Diese Technik hilft, die Energien in deinem Körper

auszugleichen und kann dein emotionales Wohlbefinden fördern, was besonders wichtig für Indigo-Erwachsene ist.

Stressreduktion:

Die Wechselatmung beruhigt das Nervensystem und reduziert Stress und Angst, indem sie den Geist zentriert und stabilisiert.

Klarheit und Fokus:

Die Übung fördert die Konzentration und kann helfen, den Geist zu klären, was insbesondere in herausfordernden Situationen von Vorteil ist. Die Wechselatmung kannst du jederzeit praktizieren, wenn du dich gestresst oder emotional überfordert fühlst. Sie ist besonders hilfreich vor Meditationen oder zur Vorbereitung auf herausfordernde Situationen. Integriere diese Atemübung in deine tägliche Routine, um deine innere Balance zu stärken. Sie eignet sich hervorragend am Morgen, um den Tag zu beginnen oder am Abend um den Tag abzuschließen.

Zwerchfellatmung

Eine sehr wirkungsvolle Atemübung für Indigo-Erwachsene ist die „Zwerchfellatmung" oder auch „Bauchatmung" genannt. Diese Technik hilft, tiefere Atemzüge zu nehmen, die den Körper entspannen und das emotionale Wohlbefinden fördern.

Die Zwerchfellatmung ist eine effektive Atemtechnik, die es ermöglicht, tiefere Atemzüge zu nehmen und das Nervensystem zu beruhigen. Diese Methode ist besonders vorteilhaft für Indigo-Erwachsene, die oft intensiven Emotionen und Stress ausgesetzt sind.

Ruhiger Ort:

Finde einen ruhigen, ungestörten Ort, an dem du dich wohlfühlen kannst. Das kann ein stilles Zimmer, ein Garten oder ein ruhiger Park sein. Achte darauf, dass die Umgebung angenehm ist und du nicht abgelenkt wirst.

Haltung:

- **Sitzend:** Setz dich auf einen Stuhl oder auf den Boden. Achte darauf, dass deine Füße flach auf dem Boden stehen und deine Wirbelsäule aufrecht ist.

- **Liegend:** Wenn du dich hinlegst, lege deine Hände sanft auf deinen Bauch, sodass du die Bewegungen während der Atmung spüren kannst.

Zentrierung:

Schließe die Augen und atme ein paar Mal tief durch, um dich auf den Moment einzustellen. Lass deinen Atem natürlich fließen und spüre, wie sich dein Körper mit jedem Atemzug entspannt.

Einatmen:

Atme langsam und tief durch die Nase ein. Lass dabei deinen Bauch sich nach außen wölben, während du bis 4 zählst:
Zähle: 1, 2, 3, 4.
Stell dir vor, dass sich deine Lungen mit frischer, reiner Luft füllen und dein Bauch sich sanft hebt.

Halten:

Halte den Atem für einen Moment an, während du bis 4 zählst:
Zähle: 1, 2, 3, 4.
Nutze diese Zeit, um die Stille und die Fülle des Atems zu spüren.

Ausatmen:

Atme langsam und vollständig durch den Mund aus, während du bis 6 zählst. Lass deinen Bauch dabei wieder nach innen sinken:
Zähle: 1, 2, 3, 4, 5, 6.

Stell dir vor, wie du alle Spannungen und negativen Energien loslässt.

Wiederholen:

Führe diesen Zyklus für etwa 5-10 Minuten durch. Konzentriere dich darauf, dass dein Atem ruhig und gleichmäßig bleibt. Sollten deine Gedanken abschweifen, dann bringe deine Aufmerksamkeit einfach sanft zurück zur Atmung.

Nachspüren:

Nimm dir nach der letzten Runde der Zwerchfellatmung einen Moment Zeit, um die Empfindungen in deinem Körper wahrzunehmen. Spüre, wie sich deine Muskeln entspannen und dein Geist zur Ruhe kommt.
Öffne langsam deine Augen und kehre in den Raum zurück. Nimm dir einen Moment Zeit, um die Umgebung bewusst wahrzunehmen.

Tiefe Entspannung:

Die Zwerchfellatmung aktiviert das parasympathische Nervensystem, was zu einer tiefen Entspannung führt und Stress reduziert. Dies kann besonders wichtig für dich sein, wenn du oft mit intensiven Emotionen umgehen musst.

Emotionale Balance:

Diese Atemtechnik kann dir helfen, Emotionen zu regulieren und ein Gefühl der inneren Ruhe zu fördern, indem sie deinen Geist beruhigt und die Konzentration verbessert.

Körperbewusstsein:

Durch die Konzentration auf die Atmung und den Bauch wird dein Körperbewusstsein gestärkt, was dir helfen kann, dich besser mit deinen Emotionen und Energien zu verbinden.
Diese Atemübung kannst du jederzeit praktizieren, wenn du dich gestresst oder emotional überfordert fühlst. Sie ist auch eine gute Technik, um dich vor Meditation oder anderen spirituellen Praktiken zu zentrieren.
Integriere die Zwerchfellatmung in deine tägliche Routine, um dein emotionales Wohlbefinden zu unterstützen. Sie eignet sich hervorragend am Morgen, um den Tag zu beginnen oder am Abend um den Tag abzuschließen und zur Ruhe zu kommen.

Kohlenstoffdioxid-Atmung

Noch eine hervorragende Atemübung für Indigo-Erwachsene ist die „Kohlenstoffdioxid-Atmung". Diese Methode kann helfen, den Körper zu entspannen, das Nervensystem zu beruhigen und die Achtsamkeit zu fördern.

Die Kohlenstoffdioxid-Atmung ist eine effektive Atemtechnik, die dazu beiträgt, das Nervensystem zu beruhigen, den Körper zu entspannen und die Achtsamkeit zu fördern. Diese Technik kann besonders hilfreich für Indigo-Erwachsene sein, die oft mit intensiven Emotionen und Stress umgehen müssen.

Ruhiger Ort:

Finde einen ruhigen und ungestörten Ort, an dem du dich wohlfühlen kannst. Das kann ein stilles Zimmer, ein Garten oder ein ruhiger Park sein. Achte darauf, dass die Umgebung angenehm und einladend ist, um eine entspannte Atmosphäre zu schaffen.

Haltung:

- **Sitzend:** Setz dich bequem auf einen Stuhl oder auf den Boden. Achte darauf, dass deine Füße flach auf dem Boden stehen und deine Wirbelsäule aufrecht ist.

- **Liegend:** Wenn du dich hinlegst, lege deine Hände sanft auf deinen Bauch oder an die Seiten, sodass du die Bewegungen während der Atmung spüren kannst.

Zentrierung:

Schließe die Augen und atme ein paar Mal tief
durch, um dich auf den Moment einzustellen. Lass
deinen Atem natürlich fließen und spüre, wie sich
dein Körper mit jedem Atemzug entspannt.

Einatmen:

Atme langsam und tief durch die Nase ein,
während du bis 4 zählst:
Zähle: 1, 2, 3, 4.
Stell dir vor, wie dein Körper mit frischer, reiner
Luft gefüllt wird. Lass deinen Bauch dabei sanft
nach außen wölben.

Kurzes Halten:

Halte den Atem für 2-4 Sekunden an. Konzentriere
dich darauf, wie sich dein Körper anfühlt. Spüre
die Fülle des Atems und die Energie, die durch
deinen Körper fließt.

Ausatmen:

Atme langsam und vollständig durch den Mund
aus, während du bis 6 zählst:
Zähle: 1, 2, 3, 4, 5, 6.

Lass beim Ausatmen alle Spannungen und negativen Energien los. Stell dir vor, wie dein Körper beim Ausatmen leichter wird.

Kurzes Halten nach dem Ausatmen:

Halte den Atem nach dem Ausatmen ebenfalls für 2-4 Sekunden an, bevor du wieder einatmest. Nutze diese Zeit, um die Ruhe und Stille zu genießen.

Wiederholen:

Führe diesen Zyklus für etwa 5-10 Minuten durch. Achte darauf, dass deine Atmung ruhig und gleichmäßig bleibt. Sollten deine Gedanken abschweifen, so bringe deine Aufmerksamkeit sanft zurück zur Atmung.

Nachspüren:

Nimm dir nach der letzten Runde der Kohlenstoffdioxid-Atmung einen Moment Zeit, um die Empfindungen in deinem Körper wahrzunehmen. Spüre, wie sich dein Körper entspannt und dein Geist zur Ruhe kommt. Öffne langsam deine Augen und kehre in den Raum zurück. Nimm dir Zeit, um die Umgebung bewusst wahrzunehmen und die Veränderungen in deinem Körper und Geist zu spüren.

Beruhigung des Nervensystems:

Diese Technik kann helfen, das Nervensystem zu beruhigen und Stress abzubauen, was besonders wichtig für Indigos ist.

Achtsamkeit:

Durch das Fokussieren auf die Atmung wird deine Achtsamkeit gefördert, was zu einer besseren Selbstwahrnehmung und emotionalen Intelligenz führen kann.

Emotionale Ausgeglichenheit:

Die Übung kann helfen, emotionale Spannungen zu lösen und das emotionale Gleichgewicht zu fördern, indem sie deinen Geist beruhigt und stabilisiert.

Die Kohlenstoffdioxid-Atmung kannst du jederzeit praktizieren, insbesondere wenn du dich gestresst oder emotional überwältigt fühlst. Sie ist auch eine gute Technik, um dich vor Meditation oder anderen spirituellen Praktiken zu zentrieren.

Integriere diese Atemübung in deine tägliche Routine, um dein emotionales Wohlbefinden zu unterstützen. Sie eignet sich hervorragend am Morgen, um den Tag zu beginnen oder am Abend um den Tag abzuschließen und zur Ruhe zu kommen.

Experimentieren:

Probiere verschiedene Atemtechniken aus, um herauszufinden, welche für dich am besten funktioniert. Jede Übung kann dir auf unterschiedliche Weise helfen, deine emotionale Intelligenz zu fördern und deine innere Balance zu stärken.

Affirmationen

Affirmationen sind eine mächtige Technik zur Selbstverbesserung. Wenn wir regelmäßig positive und unterstützende Sätze wiederholen und verinnerlichen, können wir unser Unterbewusstsein neu programmieren und somit positive Veränderungen entfachen. Die Wirksamkeit von Affirmationen basiert auf dem Prinzip der Neuroplastizität, also der Fähigkeit unseres Gehirns, sich durch Erfahrungen und Wiederholungen zu verändern. Durch das regelmäßige Aufsagen positiver Affirmationen bilden wir neue neuronale Verknüpfungen in unserem Gehirn, die es uns ermöglichen, negative Denkmuster zu überwinden und eine zuversichtliche und fördernde Denkweise zu entwickeln.

Affirmationen können auf verschiedene Lebensbereiche angewendet werden, wie zum Beispiel Selbstliebe, Gesundheit, beruflicher Erfolg, Beziehungen, finanzielle Fülle und spirituelles Wachstum. Wenn wir gezielt Affirmationen für bestimmte Ziele oder Herausforderungen verwenden, können wir unsere Selbstwahrnehmung und unser Verhalten positiv beeinflussen und uns auf dem Weg zu unserem persönlichen Wachstum unterstützen. Es ist wichtig, dass Affirmationen in einer positiven und gegenwärtigen Formulierung verfasst sind, um ihr volles Potenzial zu entfalten. Anstatt zu sagen "Ich werde erfolgreich sein", ist es effektiver zu sagen "Ich bin erfolgreich und erfülle meine Ziele". Auf diese Weise senden wir klare und kraftvolle Botschaften an unser Unterbewusstsein, die uns dabei helfen, unser volles Potenzial zu entfalten und unsere Träume zu verwirklichen. Die regelmäßige Praxis von Affirmationen kann eine transformative Wirkung auf unser Leben haben, indem sie uns dabei unterstützen, negative Glaubenssätze zu überwinden, unser Selbstvertrauen zu stärken und eine positive Haltung gegenüber uns selbst und anderen zu kultivieren. Beschäftigen wir uns bewusst mit Affirmationen und integrieren diese in unser tägliches Leben, können wir eine tiefgreifende Veränderung in unserem Denken und Handeln bewirken und uns auf den Weg zu einem erfüllten und glücklichen Leben machen.

Hier findest du einige Affirmationen, die speziell für Indigo-Erwachsene geeignet sind. Diese Affirmationen können helfen, das Selbstbewusstsein zu stärken, die Intuition fördern und die besonderen Fähigkeiten und Eigenschaften von Indigo-Erwachsenen unterstützen.
Sie können täglich wiederholt werden, um das Selbstbewusstsein zu stärken und die Verbindung

zu sich selbst zu vertiefen. Sie können laut ausgesprochen werden, leise in Gedanken wiederholt oder in ein Tagebuch geschrieben werden. Es kann auch hilfreich sein, diese Affirmationen während einer Meditation oder Atemübungen zu verwenden, um ihre Wirkung zu verstärken.

Indigo-Erwachsene können besonders von Affirmationen profitieren, die ihre Sensibilität und Intuition anerkennen, während sie gleichzeitig ihre Stärken und Fähigkeiten betonen. Experimentiere mit verschiedenen Affirmationen und passe sie an deine persönlichen Bedürfnisse und Erfahrungen an!

Gesundheit und Wohlbefinden:

„Ich ehre meinen Körper und gebe ihm die Pflege und Aufmerksamkeit, die er braucht, um gesund und stark zu sein."

„Ich bin in Einklang mit meinem Körper und ich höre auf seine Bedürfnisse und Wünsche."

„Ich wähle gesunde Nahrungsmittel und Aktivitäten, die mir Energie und Vitalität schenken."

„Ich bin dankbar für die Gesundheit, die ich habe und ich arbeite daran, sie weiter zu fördern."

„Ich erlaube mir, Momente der Ruhe und Entspannung zu genießen, um mein inneres Gleichgewicht zu finden."

„Ich bin umgeben von positiver Energie, die mein Wohlbefinden unterstützt und meine Heilung fördert."

Selbstliebe und Selbstakzeptanz:

„Ich bin perfekt so, wie ich bin und ich schätze meine Einzigartigkeit."

„Ich akzeptiere all meine Gefühle und Gedanken, denn sie sind Teil meiner Reise zur Selbstentfaltung."

„Ich verdiene Liebe und Respekt, sowohl von mir selbst als auch von anderen."

„Ich umarme meine Sensibilität als Stärke und erkenne, dass sie mich mit der Welt verbindet."

„Ich bin stolz auf meine individuellen Talente und Fähigkeiten, die mich zu dem machen, was ich bin."

„Ich gebe mir die Erlaubnis, mich selbst zu lieben und für mein Wohlbefinden zu sorgen."

Freiheit und Erfolg:

„Ich habe die Freiheit, meine eigenen Entscheidungen zu treffen und meinen eigenen Weg zu gehen."

„Ich bin bereit, meine Träume zu verfolgen und die Schritte zu unternehmen, die zu meinem Erfolg führen."

„Ich lasse alle Ängste und Zweifel los und öffne mich für neue Möglichkeiten und Chancen."

„Ich vertraue auf meine Intuition, die mich zu meinem höchsten Potenzial führt."

„Ich bin erfolgreich in dem, was ich tue und ich feiere jeden kleinen Fortschritt auf meinem Weg."

„Ich erlaube mir, groß zu träumen und die Freiheit zu genießen, mein Leben nach meinen Vorstellungen zu gestalten."

Finanzen und Wohlstand:

„Ich ziehe Wohlstand und Fülle in mein Leben, weil ich es verdiene, finanziell erfolgreich zu sein."

„Ich vertraue darauf, dass das Universum mir die Ressourcen zur Verfügung stellt, die ich benötige, um meine Träume zu verwirklichen."

„Ich gehe mit Geld bewusst und verantwortungsvoll um und treffe Entscheidungen, die meinem finanziellen Wohl dienen."

„Ich bin offen für neue Möglichkeiten, die meinen finanziellen Erfolg fördern und mir helfen, meine Ziele zu erreichen."

„Ich lasse alle Ängste und Blockaden in Bezug auf Geld los und erlaube mir, finanzielle Fülle zu erleben."

„Ich bin dankbar für die Fülle, die bereits in meinem Leben ist und ich freue mich auf die finanziellen Möglichkeiten, die noch kommen werden."

Liebe und Beziehungen:

„Ich verdiene liebevolle und unterstützende Beziehungen, die mich in meinem Wachstum fördern."

„Ich öffne mein Herz für die Liebe und erlaube mir, die tiefen Verbindungen zu anderen zu genießen."

„Ich bin bereit, authentisch und verletzlich zu sein, um echte Intimität in meinen Beziehungen zu erleben."

„Ich ziehe Menschen in mein Leben, die meine Werte teilen und mich so akzeptieren, wie ich bin."

„Ich kommuniziere offen und ehrlich, um gesunde und harmonische Beziehungen zu pflegen."

„Ich lasse alte Wunden los und erlaube mir, in der Gegenwart Liebe und Freude zu erfahren."

Glück und Freude:

„Ich erlaube mir, Freude und Glück in jedem Moment meines Lebens zu empfinden."

„Ich finde Schönheit und Glück in den kleinen Dingen des Alltags und schätze jeden Augenblick."

„Ich bin dankbar für die positiven Erfahrungen, die mein Leben bereichern und mich glücklich machen."

„Ich umgebe mich mit Menschen, die meine Freude fördern und mich inspirieren, das Beste aus mir herauszuholen."

„Ich lasse negative Gedanken los und öffne mein Herz für Liebe und Freude, die mich umgeben."

„Ich bin ein Magnet für Glück und positive Energie und ich strahle diese Freude in die Welt aus."

Intuition und persönliche Entwicklung:

„Ich vertraue meiner Intuition und höre auf die weisen Stimmen in mir."

„Ich bin offen für die Führung des Universums und folge den Zeichen, die mir auf meinem Weg begegnen."

„Ich erkenne meine innere Weisheit an und lasse sie mich in meiner persönlichen Entwicklung leiten."

„Ich erlaube mir, in meinem eigenen Tempo zu wachsen und zu lernen, ohne mich mit anderen zu vergleichen."

„Ich umarme Veränderungen als Chancen für Wachstum und Entwicklung in meinem Leben."

„Ich bin dankbar für die Fähigkeiten, die ich besitze und ich setze sie ein, um mein volles Potenzial auszuschöpfen."

Grenzen setzen:

„Ich habe das Recht, gesunde Grenzen zu setzen, um mein Wohlbefinden zu schützen."

„Ich kommuniziere klar und respektvoll, wenn es darum geht, meine Grenzen zu definieren."

„Ich erlaube mir nein zu sagen, ohne mich schuldig zu fühlen oder rechtfertigen zu müssen."

„Ich schätze meine Bedürfnisse und setze Prioritäten, die mir dienen."

„Ich umgebe mich mit Menschen, die meine Grenzen respektieren und mich unterstützen."

„Ich bin stolz auf die Grenzen, die ich setze, und ich weiß, dass sie mir helfen, in meiner Kraft zu bleiben."

Kreativität:

„Ich lasse meine Kreativität frei fließen und erlaube mir, neue Ideen und Inspirationen zu entdecken."

„Ich vertraue auf meine einzigartigen Talente und Fähigkeiten, die mich zu einem kreativen Wesen machen."

„Ich umarme den kreativen Prozess und sehe Herausforderungen als Chancen für Wachstum und Ausdruck."

„Ich schaffe einen Raum, in dem meine Kreativität gedeihen kann, ohne Angst vor Urteil oder Kritik."

„Ich bin dankbar für die kreativen Eingebungen, die mich leiten und meine Visionen zum Leben erwecken."

„Ich erlaube mir, mit Freude und Leichtigkeit zu kreieren und ich feiere jeden Schritt meines kreativen Weges."

Talente und Begabungen fördern:

„Ich erkenne und schätze meine einzigartigen Talente und Begabungen als wertvolle Geschenke."

„Ich bin bereit, meine Fähigkeiten weiterzuentwickeln und neue Fertigkeiten zu erlernen, die mich bereichern."

„Ich teile meine Talente mit der Welt und erlaube mir, im Licht meiner Kreativität zu strahlen."

„Ich umgebe mich mit positiven Einflüssen, die meine Begabungen unterstützen und inspirieren."

„Ich vertraue darauf, dass meine Talente mich auf den richtigen Weg führen und mir Freude bringen."

„Ich feiere jeden Fortschritt und jede Entfaltung meiner Talente, denn jeder Schritt ist wertvoll."

Afformationen

Afformationen sind wie magische Schlüssel, die die Türen zu unseren tiefsten Wünschen und Träumen öffnen. Sie sind wie eine geheime Formel, die das Universum dazu bringt, uns die Antworten zu liefern, die wir brauchen, um unsere Ziele zu erreichen. Anstatt einfach positive Aussagen zu wiederholen, nehmen uns Afformationen mit auf eine faszinierende Reise in unser Unterbewusstsein, wo wir die Macht haben, unser Schicksal zu formen. Die Kunst der Afformationen liegt darin, die richtigen Fragen zu stellen, die uns auf eine Reise der Selbstentdeckung und Transformation führen. Diese Fragen sind wie leuchtende Sterne am Himmel, die uns den Weg weisen und uns daran erinnern, dass wir die Schöpfer unseres eigenen Lebens sind. Während wir das Universum gezielt um Antworten bitten, senden wir eine klare Botschaft aus, die das Universum dazu bringt, uns mit den Ressourcen und Möglichkeiten zu versorgen, die wir brauchen, um unsere Träume Wirklichkeit werden zu lassen. Die Macht der Afformationen liegt in ihrer Fähigkeit, unser Denken und Fühlen zu verändern und uns auf eine höhere Schwingungsebene zu heben. Wenn wir uns regelmäßig mit positiven und konstruktiven Fragen beschäftigen, öffnen wir uns für neue Perspektiven und Chancen, die wir zuvor vielleicht übersehen haben. Diese Fragen sind wie magische Samen, die in unseren Geist gepflanzt werden und uns dabei helfen, ein Leben voller Erfolg, Glück und Fülle zu erschaffen. Ein Beispiel für eine kraftvolle Afformation könnte lauten: "Warum bin ich so erfolgreich und glücklich in meinem Leben und warum ziehe ich positive Erfahrungen an?" Wenn wir uns diese Frage regelmäßig stellen, laden wir unser Unterbewusstsein dazu ein, nach Antworten zu suchen, die uns auf unserem Weg unterstützen und inspirieren. Das Universum antwortet auf diese Fragen, indem es uns mit den Energien und Möglichkeiten versorgt, die wir brauchen, um unsere Ziele zu verwirklichen. Es ist wichtig, die Afformationen mit Leidenschaft und Hingabe zu praktizieren, um ihre volle Wirkung zu entfalten. Wir sollten uns auf das konzentrieren, was wir erreichen möchten und uns mit positiven Emotionen und Visualisierungen verbinden, so verstärken wir die Resonanz mit dem Universum und beschleunigen den Manifestationsprozess. Die Afformationen sind wie ein Schlüssel, der uns den Zugang zu einer Welt voller Möglichkeiten und Wunder ermöglicht. Mithilfe von Afformationen können wir also gezielt das Universum nach Antworten fragen und uns auf positive Veränderungen ausrichten. Wenn wir es schaffen, unsere Gedanken, Emotionen und Absichten bewusst zu lenken, können wir die Kraft des Gesetzes der Anziehung nutzen und das Leben unserer Träume erschaffen. Es liegt an uns, die richtigen Fragen zu stellen und offen zu sein für die Antworten, die das Universum uns schenkt. Möge die Magie der Afformationen dein Leben mit Glanz und Freude erfüllen.

Hier findest du einige Afformationen, die speziell für Indigo-Erwachsene geeignet sind. Diese Afformationen können helfen, das Selbstbewusstsein zu stärken, die Intuition fördern und die besonderen Fähigkeiten und Eigenschaften von Indigo-Erwachsenen unterstützen. Sie können täglich wiederholt werden, um das Selbstbewusstsein zu stärken und die Verbindung zu sich selbst zu vertiefen.

Diese Afformationen können laut ausgesprochen oder leise in Gedanken wiederholt oder in ein Tagebuch geschrieben werden. Es kann auch hilfreich sein, diese Afformationen während der Meditation oder Atemübungen zu verwenden, um ihre Wirkung zu verstärken. Indigo-Erwachsene können besonders von Afformationen profitieren, die ihre Sensibilität und Intuition anerkennen, während sie gleichzeitig ihre Stärken und Fähigkeiten betonen. Experimentiere mit verschiedenen Afformationen und passe sie an deine persönlichen Bedürfnisse und Erfahrungen an!

Gesundheit und Wohlbefinden:

"Warum fühle ich mich jeden Tag vital und voller Energie?"

"Warum ernähre ich meinen Körper mit gesunden und nahrhaften Lebensmitteln?"

"Warum finde ich immer die besten Wege, um Stress abzubauen und mich zu entspannen?"

"Warum bin ich in der Lage, meine Emotionen auf gesunde Weise auszudrücken?"

"Warum ziehe ich positive und unterstützende Beziehungen in mein Leben?"

"Warum habe ich Zugang zu unendlicher innerer Ruhe und Gelassenheit?"

Selbstliebe und Selbstakzeptanz:

"Warum liebe ich mich so bedingungslos, genau so wie ich bin?"

"Warum akzeptiere ich meine einzigartigen Eigenschaften und Talente?"

"Warum fühle ich mich wohl in meiner Haut und schätze meine Individualität?"

"Warum bin ich es wert, glücklich und erfüllt zu sein?"

"Warum umgebe ich mich mit Menschen, die mich so akzeptieren, wie ich bin?"

"Warum bin ich dankbar für all die Erfahrungen, die mich zu der Person gemacht haben, die ich heute bin?"

Freiheit und Erfolg:

"Warum fühle ich mich so frei, meinen eigenen Weg im Leben zu gehen?"

"Warum ziehe ich mühelos Chancen an, die zu meinem Erfolg führen?"

"Warum habe ich das Vertrauen, meine Träume und Ziele zu verfolgen?"

"Warum bin ich in der Lage, Hindernisse zu überwinden und aus Herausforderungen zu lernen?"

"Warum umgebe ich mich mit Menschen, die meinen Erfolg unterstützen und fördern?"

"Warum bin ich dankbar für die Freiheit, meine eigenen Entscheidungen zu treffen?"

Finanzen und Wohlstand:

"Warum ziehe ich mühelos Fülle und Wohlstand in mein Leben?"

"Warum habe ich das Vertrauen, dass Geld zu mir kommt, wenn ich es brauche?"

"Warum bin ich in der Lage, kluge finanzielle Entscheidungen zu treffen?"

"Warum fühle ich mich wohl dabei, meinen Wert und meinen Erfolg anzuerkennen?"

"Warum bin ich dankbar für die finanziellen Möglichkeiten, die mir begegnen?"

"Warum nutze ich mein Geld, um Gutes in der Welt zu bewirken?"

Liebe und Beziehungen:

"Warum ziehe ich liebevolle und unterstützende Beziehungen in mein Leben?"

"Warum bin ich es wert, bedingungslose Liebe zu empfangen und zu geben?"

"Warum fühle ich mich sicher und geborgen in meinen Beziehungen?"

"Warum bin ich in der Lage, meine Gefühle offen und ehrlich auszudrücken?"

"Warum umgebe ich mich mit Menschen, die meine Einzigartigkeit schätzen?"

"Warum bin ich dankbar für die Liebe, die bereits in meinem Leben ist?"

Glück und Freude:

"Warum fühle ich mich jeden Tag voller Freude und Zufriedenheit?"

"Warum ziehe ich positive Erfahrungen und glückliche Momente in mein Leben?"

"Warum bin ich dankbar für die kleinen Dinge, die mir Freude bereiten?"

"Warum erlaube ich mir, in jedem Moment Glück zu empfinden?"

"Warum umgebe ich mich mit Menschen, die meine Freude und Begeisterung teilen?"

"Warum bin ich offen für all die Möglichkeiten, die mir Glück bringen?"

Intuition und persönliche Entwicklung:

"Warum vertraue ich meiner Intuition und folge ihrem weisen Rat?"

"Warum erkenne ich die Zeichen und Botschaften, die das Universum mir sendet?"

"Warum bin ich offen für meine inneren Weisheiten und Erkenntnisse?"

"Warum wachse ich täglich in meinem Bewusstsein und meiner Selbsterkenntnis?"

"Warum umgebe ich mich mit Erfahrungen, die meine persönliche Entwicklung unterstützen?"

"Warum bin ich dankbar für die Möglichkeiten, die mir helfen, meine Intuition weiterzuentwickeln?"

Grenzen setzen:

"Warum respektiere ich meine eigenen Bedürfnisse und setze klare Grenzen?"

"Warum fühle ich mich wohl dabei nein zu sagen, wenn es nötig ist?"

"Warum ziehe ich Beziehungen an, die meine Grenzen respektieren und wertschätzen?"

"Warum bin ich in der Lage, meine Zeit und Energie effektiv zu schützen?"

"Warum schätze ich mich selbst genug, um Grenzen zu setzen, die mir guttun?"

"Warum bin ich dankbar für die Klarheit, die mir das Setzen von Grenzen bringt?"

Kreativität:

"Warum fließt meine Kreativität mühelos und inspiriert mich jeden Tag?"

"Warum habe ich Zugang zu unendlichen Ideen und Möglichkeiten?"

"Warum fühle ich mich sicher, meine einzigartigen kreativen Ausdrucksformen zu erkunden?"

"Warum umgebe ich mich mit inspirierenden Menschen, die meine Kreativität anregen?"

"Warum bin ich dankbar für die kreative Energie, die in mir pulsiert?"

"Warum erlaube ich mir, Spaß und Freude beim kreativen Schaffen zu empfinden?"

Talente und Begabungen fördern:

"Warum erkenne und schätze ich meine
einzigartigen Talente und Fähigkeiten?"

"Warum fühle ich mich inspiriert, meine
Begabungen mit der Welt zu teilen?"

"Warum bin ich offen für neue Möglichkeiten,
meine Talente weiterzuentwickeln?"

"Warum ziehe ich Gelegenheiten an, die meine
Fähigkeiten zum Strahlen bringen?"

"Warum bin ich dankbar für die kreativen
Geschenke, die in mir schlummern?"

"Warum habe ich das Vertrauen, meine
Begabungen zu nutzen, um einen positiven
Einfluss zu haben?"

Weitere Übungen

Energiebubble-Visualisierung

Eine effektive Visualisierungstechnik zur Stärkung
deiner energetischen Grenzen, die besonders für
Indigo-Erwachsene hilfreich sein kann, ist die
Energiebubble-Visualisierung.
Diese Visualisierungstechnik ist besonders
hilfreich für dich als Indigo-Erwachsenen, der oft
mit intensiven Emotionen und Energien umgehen
muss. Die Energiebubble-Visualisierung schafft
einen schützenden Raum, der es dir ermöglicht,
dich sicher und stabil zu fühlen.
Diese Technik kann regelmäßig praktiziert werden,
um deine energetischen Grenzen zu stärken und
ein Gefühl von Sicherheit und Stabilität zu fördern.
Es kann besonders hilfreich sein, dies vor
herausfordernden sozialen Interaktionen oder
Situationen zu tun, in denen du dich energetisch
ausgelaugt fühlen könntest.
Wenn du diese Visualisierungstechnik regelmäßig
anwendest, kannst du die Fähigkeit stärken, dich
selbst zu schützen und deine energetische Integrität
zu bewahren. Du wirst feststellen, dass du dich
sicherer und zentrierter fühlst, während du durch

die Herausforderungen des Lebens navigierst.

Ruhiger Ort:

Such dir einen ruhigen Ort, an dem du ungestört bist. Dies könnte ein stilles Zimmer in deinem Zuhause, ein ruhiger Garten oder ein anderer Ort sein, an dem du dich wohlfühlst.

Einstimmung:

Setz dich bequem hin oder leg dich hin und schließe die Augen. Achte darauf, dass du eine angenehme Position einnimmst, in der du entspannen kannst.

Atmen:

Beginne mit einigen tiefen Atemzügen. Atme tief durch die Nase ein und lasse den Atem langsam durch den Mund wieder entweichen.
Wiederhole dies mehrere Male und konzentriere dich dabei auf deinen Atem. Lass alle Spannungen los und spüre, wie sich dein Körper mit jedem Atemzug entspannt.

Energie spüren:

Stell dir vor, dass du mit jedem Atemzug positive Energie in deinen Körper aufnimmst. Visualisiere, wie diese Energie deinen Körper füllt, jede Zelle mit Licht und Lebenskraft durchdringt und deine Aura stärkt. Fühle die Wärme und das Licht dieser Energie, die dich umgibt und durchdringt.

Energiebubble erschaffen:

Visualisiere nun, wie sich um deinen Körper herum eine schützende Blase aus Licht oder Energie bildet. Diese Blase kann in jeder Farbe sein, die dir gefällt. Viele Menschen wählen strahlendes Weiß, beruhigendes Blau oder schützendes Gold.
Stell dir vor, wie diese Blase sanft um dich herum wächst und sich anfühlt wie ein schützender Kokon.

Grenzen setzen:

Visualisiere, wie diese Blase deine energetischen Grenzen definiert. Stell dir vor, dass sie stark und stabil ist und alle negativen Energien oder Einflüsse abblockt.
Diese Blase kann auch flexibel sein, sodass du sie bei Bedarf anpassen kannst. Du kannst dir vorstellen, dass sie sich vergrößert, wenn du mehr Raum benötigst oder sich zusammenzieht, wenn du dich in einer sicheren Umgebung befindest.

Stärkung der Blase:

Stell dir vor, dass die Blase mit jedem Atemzug

stärker und stabiler wird. Du kannst dir auch vorstellen, wie sie sich bei jedem Ausatmen ausdehnt und dabei alle negativen Energien abstößt.

Fühle die Kraft und den Schutz, den deine Energiebubble dir bietet. Lass alle Sorgen und Ängste hinter dir.

Affirmationen:

Sprich innerlich oder laut positive Affirmationen aus, wie zum Beispiel:
„Ich bin geschützt und sicher.
Meine Grenzen sind stark.
Ich erlaube nur positiven Einfluss in meinem Leben."
Wiederhole diese Affirmationen, bis du das Gefühl hast, dass sie in dein Bewusstsein eingedrungen sind.

Verweilen in der Visualisierung:

Verbringe einige Minuten in dieser Visualisierung. Fühle, wie die Energie um dich herum pulsiert und dich schützt.
Lass dich von der positiven Energie umgeben und genieße das Gefühl der Sicherheit und Stabilität.

Rückkehr:

Wenn du bereit bist, kehre langsam in den

gegenwärtigen Moment zurück. Bewege deine Finger und Zehen, atme tief ein und öffne dann sanft die Augen.
Nimm dir einen Moment Zeit, um dich zu orientieren und die Umgebung wahrzunehmen.

Integration:

Nimm dir einen Moment Zeit, um zu reflektieren, wie du dich fühlst. Was hast du während der Visualisierung erlebt? Welche Emotionen sind aufgetaucht?
Du kannst auch ein paar Minuten aufschreiben, was dir während der Visualisierung in den Sinn kam. Dies kann helfen, deine Erfahrungen zu verarbeiten und deine Erkenntnisse zu festigen.

Selbstentdeckungs-Zeremonie

Eine weitere effektive Methode ist die „Selbstentdeckungs-Zeremonie".
Diese Selbstentdeckungs-Zeremonie kann ein kraftvolles Ritual sein, um dir dabei zu helfen, dich selbst besser zu verstehen und dein Selbstbewusstsein zu stärken. Die regelmäßige Praxis kann helfen, eine tiefere Verbindung zu dir selbst und zu deinen Zielen herzustellen.

Ruhiger Ort:

Finde einen ruhigen und inspirierenden Ort, an dem du ungestört bist. Dies kann drinnen oder draußen sein, je nachdem, wo du dich am wohlsten fühlst.

Materialien:

- Notizbuch
- Stifte oder Marker in verschiedenen Farben
- Kerzen oder Räucherwerk
- einpaar Gegenstände, die für dich eine Bedeutung haben (z.B. Kristalle, Bilder, Symbole)

Raum einrichten:

Gestalte deinen Raum so, dass er für dich angenehm und einladend ist. Zünde eine Kerze an und zünde Räucherwerk an, um eine entspannende Atmosphäre zu schaffen.

Einstimmung:

Setz dich bequem hin, schließe die Augen und atme tief ein und aus. Konzentriere dich auf deinen Atem und lasse alle Gedanken los. Nimm dir einen Moment Zeit, um dich zu zentrieren.

Intention setzen:

Überlege dir eine klare Intention für diese
Zeremonie. Was möchtest du über dich selbst
lernen? Welche Aspekte deiner persönlichen
Entwicklung möchtest du erkunden? Formuliere
deine Intention in einem Satz z. B. „Ich möchte
mein Selbstbewusstsein stärken und meine wahren
Wünsche erkennen."

Selbstreflexion:

Öffne dein Journal und schreibe deine Intention
auf. Nimm dir Zeit, um über folgende Fragen
nachzudenken und zu schreiben:
„Was sind meine Stärken und Talente?
Welche Ängste hindern mich daran, mein volles
Potenzial auszuschöpfen?
Was sind meine Leidenschaften und Träume?
Wie kann ich mich selbst besser unterstützen und
lieben?"

Visualisierung:

Stell dir vor, wie du in der Zukunft aussiehst und
dich fühlst, wenn du dein volles Potenzial erreicht
hast. Visualisiere dich in einer Situation, in der du
selbstbewusst und erfüllt bist. Fühle die
Emotionen, die mit diesem Bild verbunden sind.

Affirmationen:

Entwickle einige positive Affirmationen, die deine Intention unterstützen. Schreibe diese in dein Tagebuch z. B. „Ich bin selbstbewusst und vertraue auf meine Fähigkeiten. Ich bin auf dem richtigen Weg zu meiner persönlichen Entwicklung."

Abschluss:

Beende die Zeremonie, indem du dich bei dir selbst für die Zeit und den Raum bedankst, die du dir gegeben hast. Lies deine Affirmationen laut vor und spüre die Kraft der Worte.

Integration:

Nimm dir einige Minuten Zeit, um über die Erfahrungen und Einsichten nachzudenken, die du während der Zeremonie gemacht hast. Du kannst auch einen kleinen Gegenstand, der für dich eine Bedeutung hat, als Erinnerung an diese Zeremonie aufbewahren.

Regelmäßige Reflexion:

Nimm dir regelmäßig Zeit, um deine Tagebucheinträge zu überprüfen und deine Fortschritte zu reflektieren. Setze dir neue Intentionen, wenn du weiter wächst und dich entwickelst.

Inspiration suchen:

Lies Bücher, höre Podcasts oder nimm an Workshops teil, die sich mit persönlicher Entwicklung und Selbstbewusstsein befassen.

Empathie-Übung

Eine effektive Empathie-Übung, die besonders für dich als Indigo-Erwachsenen geeignet ist, ist die Empathie-Rollenspiel-Übung. Diese Übung fördert dein Verständnis für die Gefühle und Perspektiven anderer und stärkt gleichzeitig deine eigene emotionale Intelligenz.
Diese Übung kann regelmäßig durchgeführt werden, um deine Empathiefähigkeiten weiterzuentwickeln und dein emotionales Verständnis zu vertiefen.

Ruhiger Ort:

Such dir einen ruhigen Ort, an dem du ungestört bist. Diese Übung kannst du alleine oder in einer Gruppe durchführen.

Partner finden:

Wenn möglich, finde einen Partner oder eine Gruppe von Menschen, mit denen du die Übung durchführen kannst. Es kann jedoch auch hilfreich sein, einige Aspekte alleine zu reflektieren.

Situation wählen:

Wähle eine konkrete Situation oder ein Beispiel aus, in dem du Empathie üben möchtest. Dies kann eine echte Situation aus deinem Leben oder eine hypothetische Situation sein.

Perspektive wechseln:

Wenn du einen Partner hast, wechselt die Rollen. Eine Person spielt sich selbst, die andere Person spielt die andere Person in der Situation. Wenn du alleine bist, stell dir vor, wie die andere Person sich fühlt und was sie denkt.

Emotionen identifizieren:

Versuch, die Emotionen der anderen Person zu identifizieren. Frag dich:
„Was könnte diese Person fühlen?
Was könnten ihre Gedanken und Sorgen sein?
Welche Bedürfnisse oder Wünsche könnten hinter ihrem Verhalten stehen?"

Kommunikation üben:

Wenn du in der Rolle des anderen bist, versuche, deren Perspektive zu kommunizieren. Sprich aus der Sicht der anderen Person und drücke deren Gefühle und Gedanken aus.

Reflexion:

Nimm dir nach dem Rollenspiel Zeit, um über die Erfahrung nachzudenken. Stell dir Fragen wie: „Was habe ich über die Perspektive der anderen Person gelernt?
Wie hat sich mein Verständnis für die Emotionen von meinen Gegenüber verändert?
Welche Einsichten habe ich über meine eigenen Emotionen gewonnen?"

Feedback geben:

Wenn du mit einem Partner arbeitest, gebt einander Feedback über die Erfahrungen und Einsichten, die ihr gemacht habt. Diskutiert, wie sich Empathie auf eure Beziehung auswirken kann.

Integration:

Überlege, wie du die gewonnenen Einsichten in deinem täglichen Leben anwenden kannst. Gibt es Möglichkeiten, mehr Empathie in deine

Interaktionen mit anderen zu bringen?

Verbesserte Empathiefähigkeit:

Diese Übung hilft dir, die Fähigkeit zur Empathie zu stärken und ein tieferes Verständnis für die Emotionen anderer Menschen zu entwickeln.

Selbstreflexion:

Du kannst durch diese Übung auch deine eigenen Emotionen und Reaktionen besser verstehen.

Stärkung von Beziehungen:

Wenn du Empathie praktizierst, kannst du tiefere und bedeutungsvollere Verbindungen zu anderen aufbauen.

Kreis der Absicht-Zeremonie

Ein sehr geeignetes Ritual für dich als Indigo-Erwachsenen, das die Selbsthilfe und persönliche Entfaltung unterstützt, ist die Kreis der Absicht-Zeremonie. Dieses Ritual fördert Selbstreflexion, Intention und die Verbindung mit deiner eigenen inneren Weisheit.
Das Arbeiten mit Energie und Symbolen kann dir helfen, deine Sensibilität und Intuition zu nutzen. Dieses Ritual kannst du regelmäßig durchführen,

um deine persönliche Entwicklung zu unterstützen und eine tiefere Verbindung zu dir selbst herzustellen.

Ruhiger Ort:

Such dir einen ruhigen, geschützten Ort, an dem du ungestört bist. Dies kann drinnen oder draußen sein, je nachdem, was für dich angenehm ist.

Materialien:

- Notizbuch
- Stifte oder Marker
- Kerzen
- Kristalle oder andere persönliche Gegenstände,
  die für dich eine Bedeutung haben
- Räucherwerk oder ätherische Öle

Kreis zeichnen:

Wenn du draußen bist, kannst du einen Kreis im Sand oder auf dem Boden zeichnen. Wenn du drinnen bist, kannst du einen imaginären Kreis ziehen oder einfach den Raum energetisch abgrenzen.

Einstimmung:

Setz dich in den Kreis oder leg dich hin und nimm einige tiefe Atemzüge. Schließe die Augen und konzentriere dich auf den Moment. Lass alle Gedanken und Sorgen los.

Intention setzen:

Überleg dir eine klare Intention für die Zeremonie. Was möchtest du erreichen? Welche Aspekte deiner persönlichen Entwicklung möchtest du erkunden? Formuliere deine Intention in einem Satz z. B. „Ich stärke mein Selbstbewusstsein. Ich bin bereit, meine Kreativität zu entfalten."

Kreis aktivieren:

Wenn du möchtest, kannst du eine Kerze anzünden und Räucherwerk verwenden, um den Kreis energetisch zu aktivieren. Sprich deine Intention laut aus und stelle dir vor, wie die Energie in den Kreis fließt.

Selbstreflexion:

Nimm dein Tagebuch und schreibe über deine Intention. Stell dir folgende Fragen:
„Was sind meine Stärken und Talente?
Welche Ängste hindern mich daran, meine Ziele zu

erreichen?
Was kann ich tun, um mich selbst besser zu
unterstützen?
Welche Schritte kann ich unternehmen, um meine
Intention zu verwirklichen?"

Visualisierung:

Stell dir vor, wie es sich anfühlt, deine Intention zu
leben. Visualisiere dich in einer Situation, in der du
dein Ziel erreicht hast und spüre die Emotionen,
die damit verbunden sind.

Abschluss:

Beende die Zeremonie, indem du dich bei dir
selbst für die Zeit und den Raum bedankst, die du
dir gegeben hast. Lösche die Kerze oder das
Räucherwerk und schließe den Kreis, indem du dir
vorstellst, dass die Energie, die du erschaffen hast,
weiterhin in deinem Leben wirkt.

Integration:

Nimm dir Zeit, um über die Erfahrungen und
Einsichten nachzudenken, die du während der
Zeremonie gemacht hast. Schreibe deine Gedanken
in dein Journal.

Selbstreflexion:

Dieses Ritual fördert die Selbstreflexion und hilft dir, Klarheit über persönliche Ziele und Wünsche zu gewinnen.

Intention:

Es stärkt deine Fähigkeit, Intentionen zu setzen und zu verfolgen, was besonders für Indigo-Erwachsene wichtig ist.

Tagebuchritual für Indigo-Erwachsene

Ein Tagebuchritual kann eine sehr kraftvolle Praxis für dich als Indigo-Erwachsenen sein, um deine Gedanken, Gefühle und Erfahrungen zu reflektieren und deine persönliche Entwicklung zu fördern.
Dieses Tagebuchritual kann dir helfen, deine innere Welt zu erkunden, deine Intuition zu stärken und eine tiefere Verbindung zu dir selbst herzustellen.

Ruhiger Ort:

Such dir einen ruhigen und angenehmen Ort, an dem du ungestört bist. Dies kann ein gemütlicher Platz in deinem Zuhause oder ein schöner Ort in der Natur sein.

Materialien:

- Notizbuch
- einen Stift

Einstimmung:

Setz dich bequem hin und nimm ein paar tiefe Atemzüge. Schließe die Augen und konzentriere dich auf den Moment. Lass alle Gedanken und Sorgen los.

Ziel des Rituals:

Überlege dir, was du mit diesem Tagebuchritual erreichen möchtest. Möchtest du deine Emotionen verarbeiten, deine Ziele festhalten oder einfach deine Gedanken sortieren? Behalte deine Absicht im Hinterkopf.

Freies Schreiben:

Beginne, in dein Notizbuch zu schreiben. Lass deine Gedanken und Gefühle frei fließen, ohne dir um Grammatik oder Struktur Gedanken zu machen. Schreib einfach, was dir in den Sinn kommt.

Dies kann Folgendes umfassen:

- deine aktuellen Gedanken und Gefühle
- Ereignisse des Tages oder der Woche
- deine Träume und Wünsche
- Herausforderungen, die du erlebst
- Erkenntnisse oder Aha-Momente

Reflexion:

Nimm dir, nachdem du einige Minuten geschrieben hast, Zeit, um über das Geschriebene nachzudenken. Frage dich:
„Was habe ich über mich selbst gelernt?
Gibt es Muster oder Themen, die sich zeigen?
Wie fühle ich mich nach dem Schreiben?"

Intention für die Zukunft:

Schreibe am Ende deines Eintrags eine positive Intention oder Affirmation für den kommenden Tag oder die kommende Woche. Zum Beispiel:
„Ich bin bereit, meine Kreativität zu entfalten. Ich vertraue auf meine Intuition und folge meinem Weg."

Abschluss:

Beende das Ritual, indem du dich für die Zeit und den Raum bedankst, die du dir gegeben hast.

Nimm ein paar tiefe Atemzüge und komm wieder in den gegenwärtigen Moment.
Versuche, dieses Tagebuchritual regelmäßig durchzuführen, sei es täglich, wöchentlich oder monatlich. Die Regelmäßigkeit hilft, eine tiefere Verbindung zu dir selbst aufzubauen.

Variationen:

Du kannst das Ritual anpassen, indem du zum Beispiel bestimmte Themen oder Fragen für jeden Eintrag festlegst oder visuelle Elemente wie Zeichnungen oder Collagen hinzufügst.

Selbstreflexion:

Das Schreiben im Tagebuch fördert die Selbstreflexion und hilft, Gedanken und Gefühle zu klären.

Emotionale Verarbeitung:

Du kannst durch das Schreiben emotionale Spannungen abbauen und deine Empfindungen besser verstehen.

Kreativer Ausdruck:

Das Tagebuch dient als kreatives Ventil, um Ideen, Träume und Wünsche auszudrücken.

Ritual: Ein-Karten-Ziehung

Ein einfaches und kraftvolles Ritual mit
Tarotkarten, das auch für dich als
Indigo-Erwachsenen geeignet ist, ist die
Ein-Karten-Ziehung. Dieses Ritual kann eine
hervorragende Möglichkeit sein, deine Intuition zu
entwickeln, Klarheit über aktuelle Situationen zu
gewinnen und die Verbindung zu dir selbst zu
stärken, auch wenn du zuvor keine Erfahrung mit
Tarotkarten hattest.
Dieses Ritual kannst du regelmäßig durchführen,
um deine persönliche Entwicklung zu unterstützen
und eine tiefere Verbindung zu dir selbst
herzustellen. Es ist eine großartige Möglichkeit,
Tarotkarten kennenzulernen und gleichzeitig deine
eigene Intuition zu fördern!

Ruhiger Ort:

Such dir einen ruhigen Ort, an dem du ungestört
bist. Dies kann drinnen oder draußen sein, je
nachdem, wo du dich wohlfühlst.

Tarotkarten:

Wenn du keine Tarotkarten besitzt, kannst du auch
ein Orakel-Deck verwenden. Wähle ein Deck, das
dich anspricht und das dir intuitiv gefällt.

Materialien:

- Notizbuch
- einen Stift
- Tarotkarten oder ein Orakel Kartendeck

Einstimmung:

Setz dich bequem hin und nimm einige tiefe
Atemzüge. Schließe die Augen und konzentriere
dich auf den Moment. Lass alle Gedanken und
Sorgen los.

Intention setzen:

Überleg dir eine klare Intention für die
Kartenlegung. Was möchtest du wissen? Welche
Fragen oder Themen beschäftigen dich?
Formuliere deine Intention in einem Satz z. B.
„Was brauche ich zu wissen, um meine Intuition zu
stärken? Wie kann ich mit meiner aktuellen
Situation umgehen?"

Karten mischen:

Mische die Karten gut, während du dich auf deine
Intention konzentrierst. Du kannst auch dabei
sprechen oder deine Frage leise wiederholen.

Karte ziehen:

Zieh eine Karte aus dem Deck, während du dich weiterhin auf deine Intention konzentrierst. Lege die Karte vor dir ab und schau sie dir an.

Interpretation:

Nimm dir Zeit, um die Karte zu betrachten. Achte auf deine ersten Eindrücke und Gefühle. Was spricht dich an? Welche Symbole oder Farben fallen dir auf?

Bedeutung der Karte:

Wenn du mit den Bedeutungen der Karten vertraut bist, kannst du die Bedeutung der gezogenen Karte so deuten. Falls nicht, kannst du sie in einem Tarotbuch oder online nachschlagen. Wenn du dies nicht möchtest, vertraue auf deine Intuition und darauf, was die Karte für dich persönlich bedeutet.

Reflexion und Notizen:

Schreibe deine Gedanken, Gefühle und Einsichten zu der gezogenen Karte in dein Tagebuch.
Frage dich:
„Welche Botschaft vermittelt mir diese Karte?
Wie kann ich diese Einsichten in meinem Leben anwenden?

Gibt es etwas, das ich loslassen oder annehmen sollte?"

Abschluss:

Beende das Ritual, indem du dich für die Zeit und die Erkenntnisse bedankst. Nimm ein paar tiefe Atemzüge und komme wieder in den gegenwärtigen Moment.

Selbstreflexion:

Dieses Ritual fördert die Selbstreflexion und hilft, Klarheit über aktuelle Fragen oder Herausforderungen zu gewinnen.

Intuition stärken:

Durch die Arbeit mit Tarotkarten kannst du deine Intuition und deine Verbindung zu deiner inneren Weisheit stärken.

Kreativer Ausdruck:

Tarotkarten bieten eine kreative Möglichkeit, Gedanken und Gefühle auszudrücken und zu verarbeiten.

Emotionale Reflexionszeremonie

Ein effektives Ritual, das dir als
Indigo-Erwachsenen helfen kann, deine emotionale
Intelligenz zu entwickeln, ist die Emotionale
Reflexionszeremonie. Dieses Ritual fördert dein
Bewusstsein für deine eigenen Emotionen, dein
Verständnis für die Emotionen anderer und deine
Fähigkeit, empathisch zu handeln.
Diese emotionale Reflexionszeremonie kannst du
regelmäßig durchführen, um deine emotionale
Intelligenz zu entwickeln und eine tiefere
Verbindung zu dir selbst und anderen herzustellen.

Ruhiger Ort:

Finde dir einen ruhigen und geschützten Ort, an
dem du ungestört bist. Dies kann drinnen oder
draußen sein, je nachdem, wo du dich am wohlsten
fühlst.

Materialien:

- Notizbuch oder Tagebuch
- Stifte oder Marker
- einige Kerzen
- Räucherwerk vor, um eine entspannende
  Atmosphäre zu schaffen.

Einstimmung:

Setz dich bequem hin und nimm einige tiefe Atemzüge. Schließe die Augen und konzentriere dich auf den Moment. Lass alle Gedanken und Sorgen los.

Emotionale Intention setzen:

Überlege dir eine klare Intention für die Zeremonie. Möchtest du mehr über bestimmte Emotionen lernen oder deine Fähigkeit zur Empathie stärken? Formuliere deine Intention in einem Satz, z. B. „Ich möchte meine emotionalen Reaktionen besser verstehen. Ich bin bereit, meine Empathie für andere zu vertiefen."

Emotionen identifizieren:

Nimm dir einen Moment Zeit, um über deine aktuellen Emotionen nachzudenken.
Frage dich: „Was fühle ich gerade?
Welche Emotionen sind in mir präsent?
Gibt es bestimmte Situationen oder Personen, die diese Emotionen auslösen?"

Tagebuch schreiben:

Schreibe in dein Tagebuch über deine Emotionen. Sei ehrlich und offen. Versuche, die Ursachen deiner Emotionen zu identifizieren und darüber nachzudenken, wie sie sich auf dein Verhalten und deine Entscheidungen auswirken.

Visualisierung:

Stell dir vor, wie du in einer Situation reagierst, die starke Emotionen hervorruft. Visualisiere, wie du deine Emotionen bewusst wahrnimmst und angemessen darauf reagierst. Frage dich:
„Wie könnte ich in dieser Situation empathisch handeln?
Wie kann ich meine Emotionen regulieren, um klarer zu kommunizieren?"

Empathie für andere:

Denke an eine Person in deinem Leben, mit der du Schwierigkeiten hast oder die dir am Herzen liegt. Versuche, dich in ihre Lage zu versetzen.
Frage dich:
„Welche Emotionen könnte diese Person fühlen? Was könnte sie in ihrer Situation brauchen? Wie kann ich ihr gegenüber empathischer sein?"

Abschluss:

Beende die Zeremonie, indem du dich bei dir selbst für die Zeit und den Raum bedankst, die du dir gegeben hast. Zünde eine Kerze an oder räuchere, um die positive Energie und die Absicht

zu verstärken, die du während der Zeremonie
gesetzt hast.

Integration:

Nimm dir Zeit, um über die Einsichten
nachzudenken, die du während der Zeremonie
gewonnen hast. Schreibe in dein Tagebuch, wie du
das Gelernte in deinem täglichen Leben umsetzen
möchtest.

Selbstbewusstsein:

Die Zeremonie fördert dein Bewusstsein für deine
eigenen Emotionen und deren Auswirkungen auf
dein Verhalten.

Empathiefähigkeit:

Durch die Reflexion über die Emotionen anderer
wird deine Fähigkeit zur Empathie gestärkt.

Emotionale Regulierung:

Du lernst, deine Emotionen besser zu verstehen
und zu regulieren, was zu gesünderen Beziehungen
führt.

Edelstein-Ritual zur Stärkung der Intuition und emotionalen Balance

Ein Ritual mit Edelsteinen kann für dich als Indigo-Erwachsenen eine wunderbare Möglichkeit sein, deine Energie zu harmonisieren, deine Intuition zu stärken und deine emotionale Balance zu fördern.
Dieses Edelsteinritual kannst du regelmäßig durchführen, um deine persönliche Entwicklung zu unterstützen und eine tiefere Verbindung zu dir selbst herzustellen.

Ruhiger Ort:

Such dir einen ruhigen und geschützten Ort, an dem du ungestört bist. Dies kann drinnen oder draußen sein, je nachdem, wo du dich wohlfühlst.

Edelsteine auswählen:

Wähle einige Edelsteine aus, die für Indigo-Erwachsene besonders vorteilhaft sind.

Amethyst: Fördert Intuition, spirituelle Einsicht und emotionale Heilung.
Lapis Lazuli: Stärkt die Kommunikation, das Selbstbewusstsein und die innere Weisheit.
Sodalith: Unterstützt Klarheit im Denken und

fördert die emotionale Balance.

Aquamarin: Hilft bei der Stressbewältigung und fördert die innere Ruhe.

Materialien:

- ein bequemes Kissen oder eine Decke
- eine Kerze
- Räucherwerk

Einstimmung:

Setz dich bequem hin und nimm einige tiefe Atemzüge. Schließe die Augen und konzentriere dich auf den Moment. Lass alle Gedanken und Sorgen los.

Edelsteine platzieren:

Lege die ausgewählten Edelsteine in einem Kreis um dich herum oder halte sie in deinen Händen. Du kannst auch einen Stein auf dein Herz legen, um eine tiefere Verbindung zu spüren.

Intention setzen:

Überlege dir eine klare Intention für das Ritual. Was möchtest du erreichen? Welche Aspekte deiner Intuition oder emotionalen Balance möchtest du stärken? Formuliere deine Intention in

einem Satz z. B. „Ich bin bereit, meine Intuition zu
stärken. Ich lasse emotionale Blockaden los und
öffne mich für positive Energie."

Energiearbeit:

Visualisiere, wie die Energie der Edelsteine um
dich herum fließt. Stell dir vor, dass die Energie in
deinen Körper einströmt, während du tief
einatmest. Lass alle negativen Emotionen oder
Blockaden beim Ausatmen los. Wiederhole dies für
einige Minuten.

Meditation:

Nimm dir Zeit, um in Stille zu meditieren.
Konzentriere dich auf deine Intention und lass
deine Gedanken und Gefühle frei fließen. Achte
darauf, welche Emotionen oder Einsichten
während der Meditation aufkommen.

Reflexion und Notizen:

Nimm dir nach der Meditation einen Moment Zeit,
um über deine Erfahrungen nachzudenken.
Schreibe in dein Tagebuch, was dir während des
Rituals in den Sinn kam, welche Emotionen du
gefühlt hast und welche Einsichten du gewonnen
hast.

Abschluss:

Beende das Ritual, indem du dich bei dir selbst und den Edelsteinen für die Zeit und die Energie bedankst. Zünde eine Kerze an oder räuchere, um die positive Energie zu verstärken, die du während des Rituals erschaffen hast.

Energieharmonisierung:

Edelsteine können dazu beitragen, deine eigene Energie zu harmonisieren und zu stabilisieren.

Intuitionsstärkung:

Durch die Verbindung zu den Edelsteinen kann deine Intuition gefördert und gestärkt werden.

Emotionale Balance:

Das Ritual unterstützt dich dabei, emotionale Blockaden zu erkennen und loszulassen.

Erdungsübung-Wurzeln in die Erde

Diese Übung zielt darauf ab, deine Energie zu stabilisieren, emotionale Balance zu fördern und eine tiefere Verbindung zur Natur und zu deinem inneren Selbst zu schaffen.

Versuche, diese Übung regelmäßig durchzuführen, um deine Erdung zu stärken und eine tiefere Verbindung zu dir selbst und zur Natur aufzubauen. Du kannst sie an einem bestimmten Wochentag oder einfach immer dann durchführen, wenn du das Bedürfnis nach Erdung verspürst.

Ruhiger Ort:

Finde einen ruhigen Ort, an dem du ungestört bist. Dies kann im Freien sein, wie in einem Park, Garten oder drinnen in einem Raum, wo du dich wohlfühlst.

Materialien:

- bequeme Kleidung, in der du dich gut bewegen kannst.
- eine Yogamatte oder eine Decke, um darauf zu sitzen oder zu liegen.
- ein Erdungsstein (z.B. Hämatit, Obsidian oder Jaspis)
- einige Kerzen
- Räucherwerk, um eine entspannende Atmosphäre zu schaffen.

Einstimmung:

Setz dich bequem auf die Matte oder Decke.

Schließe die Augen und atme tief ein und aus. Konzentriere dich auf deinen Atem. Zähle beim Einatmen bis vier, halte den Atem für vier Zählzeiten an und atme dann langsam aus, während du bis vier zählst. Wiederhole dies einige Male, um dich zu entspannen.

Lass alle Gedanken los und fühle, wie dein Körper schwerer wird, während du dich in den Boden sinken lässt.

Verbindung zur Erde:

Spüre den Boden unter dir und stelle dir vor, dass aus dir Wurzeln in die Erde wachsen. Visualisiere, wie diese Wurzeln tief in den Boden eindringen und dich stabilisieren.

Atme tief ein und stelle dir vor, wie du mit jedem Atemzug Energie aus der Erde aufnimmst. Fühle, wie diese Energie durch deine Wurzeln in deinen Körper strömt und dich stärkt.

Halte diese Visualisierung für einige Minuten aufrecht und spüre die Verbindung zur Erde.

Körperliche Erdungsübung:

Bleib sitzen und beginne, sanfte Bewegungen zu machen. Du kannst dich im sitzen hin und her wiegen, die Arme sanft bewegen oder dich dehnen. Fühle, wie die Energie der Erde

in deinen Körper strömt, während du dich bewegst.
Du kannst auch einige einfache Yoga-Posen
einfügen, die die Erdung fördern. Halte jede Pose
für ein paar Atemzüge und spüre die Stabilität, die
du bekommst.

Erdungsmeditation:

Halte deinen Erdungsstein in der Hand oder lege
ihn auf deinen Bauch.
Atme tief ein und aus. Lass die Gedanken kommen
und gehen, ohne an ihnen festzuhalten.
Visualisiere während der Meditation eine
leuchtende Lichtkugel, die sich im Zentrum deines
Körpers befindet. Mit jedem Atemzug wird diese
Kugel größer und heller.
Stell dir vor, dass diese Lichtkugel mit der Energie
der Erde gefüllt ist und dass sie dich umhüllt,
während sie dich erdet und schützt.
Fühle, wie die Energie in deinem Körper zirkuliert
und alle Spannungen oder Blockaden löst.

Reflexion und Integration:

Öffne langsam deine Augen und komme wieder in
den gegenwärtigen Moment. Nimm dir einen
Moment Zeit, um dich zu orientieren.
Nimm dein Tagebuch und schreibe deine
Erfahrungen während der Übung auf. Was hast du
gefühlt? Gab es besondere Einsichten oder
Emotionen, die aufkamen?

Überlege, wie du diese Erdungsenergie in deinen Alltag integrieren kannst. Gibt es bestimmte Situationen, in denen du dich besonders erden möchtest?

Abschluss:

Beende die Übung, indem du dich bei dir selbst und der Erde für die Zeit und die Energie bedankst. Wenn du Kerzen oder Räucherwerk verwendet hast, lösche sie oder lass sie ausbrennen, während du die positive Energie der Übung in deinem Raum spürst. Diese Übung hilft dir, emotionale Spannungen abzubauen und ein Gefühl der Stabilität zu fördern.

Energieharmonisierung:

Durch die Verbindung zur Erde kannst du deine eigene Energie harmonisieren und stärken. Du wirst dir deiner eigenen Bedürfnisse und Gefühle bewusster, was zu einer verbesserten Selbstwahrnehmung führt.

Erdungsübung mit Steinen

Diese Übung zielt darauf ab, die Erdung durch die Verwendung von spezifischen Steinen zu fördern. Steine wie Hämatit, Obsidian und Jaspis sind dafür bekannt, stabilisierende und schützende

Eigenschaften zu haben, die dir helfen, dich mit der Erde zu verbinden und deine Energie zu harmonisieren.

Diese Erdungsübung mit Steinen kannst du regelmäßig durchführen, insbesondere in Zeiten von Stress oder emotionaler Unruhe.

Materialien:

- ein Erdungsstein, der dich anspricht (z.B. Hämatit, Obsidian oder Jaspis).
- eine bequeme Unterlage (wie eine Yogamatte oder eine Decke)
- eine Kerze
- Räucherwerk zur Schaffung einer entspannenden Atmosphäre

Ruhiger Ort:

Such dir einen ruhigen Ort, an dem du ungestört bist. Dies kann drinnen oder draußen sein, je nachdem, wo du dich am wohlsten fühlst.

Bequeme Position:

Setz dich bequem hin oder lege dich auf den Boden. Stelle sicher, dass du in einer entspannten Position bist.

Steinauswahl:

Wähle einen Erdungsstein aus, der dich anspricht. Halte ihn in der Hand und spüre sein Gewicht und seine Textur. Lass deine Intuition entscheiden, welcher Stein für dich am besten geeignet ist.

Einstimmung:

Schließe die Augen und atme tief ein und aus. Lass mit jedem Ausatmen alle Spannungen und Sorgen los. Konzentriere dich darauf, im Moment zu sein und deine Sinne zu schärfen.

Energie spüren:

Halte den Stein in der Hand oder lege ihn auf deinen Bauch oder deine Füße. Wenn du ihn auf deinen Bauch legst, stelle dir vor, dass die Energie des Steins in deinen Körper strömt. Wenn du ihn auf deine Füße legst, visualisiere, wie die Energie des Steins dich mit der Erde verbindet.

Visualisierung:

Stell dir, während du den Stein berührst vor, wie Wurzeln aus deinen Füßen in die Erde wachsen. Visualisiere, wie diese Wurzeln tief in den Boden eindringen und dich stabilisieren.
Atme tief ein und stelle dir vor, dass du die Kraft

und Stabilität der Erde aufnimmst, während du die Energie des Steins in dir spürst.

Meditation:

Bleibe einige Minuten in dieser Position. Konzentriere dich auf die Energie des Steins und die Verbindung zur Erde. Lass alle Gedanken kommen und gehen, ohne an ihnen festzuhalten. Achte darauf, welche Empfindungen oder Emotionen während dieser Meditation aufkommen und nimm sie wahr.

Reflexion:

Nimm dir nach der Meditation einen Moment Zeit, um darüber nachzudenken, was du während der Übung erlebt hast. Was hast du über dich selbst gelernt? Welche Einsichten sind aufgetaucht? Du kannst deine Gedanken und Erfahrungen in einem Journal festhalten, um sie später zu reflektieren.

Abschluss:

Beende die Übung, indem du dich bei dir selbst und dem Stein für die Zeit und die Energie bedankst. Wenn du eine Kerze oder Räucherwerk verwendet hast, lösche sie oder lass sie ausbrennen, während du die positive Energie der Übung spürst. Die Verwendung von

Erdungssteinen hilft, deine Verbindung zur Erde zu stärken und ein Gefühl von Stabilität zu fördern. Diese Übung unterstützt dich dabei, emotionale Spannungen abzubauen und innere Ruhe zu finden.

Energieharmonisierung:

Durch die Kombination von Atemarbeit, Visualisierung und der Energie des Steins kannst du deine eigene Energie harmonisieren.

Erdende Gartenarbeit: „Pflanzenschnitt und Gartenarbeit"

Diese Übung zielt darauf ab, dich mit der Erde und der Natur zu verbinden, während du im Garten arbeitest oder Pflanzen pflegst. Gartenarbeit kann eine sehr erdende Erfahrung sein, die dir hilft, deine Sinne zu schärfen und ein Gefühl von Ruhe und Stabilität zu fördern.

Gartenarbeit hilft, deine Verbindung zur Erde zu stärken und ein Gefühl von Stabilität zu schaffen. Die körperliche Aktivität und die Verbindung zur Natur können emotionale Spannungen abbauen und innere Ruhe fördern.

Du schärfst deine Sinne und wirst dir der Umgebung und deiner eigenen Gefühle bewusster. Diese erdende Gartenarbeit kannst du regelmäßig durchführen, um deine Verbindung zur Natur zu vertiefen und deine innere Balance zu stärken.

Materialien:

- Gartenwerkzeuge (z.B. Schaufel, Handschuhe, Erde)
- Pflanzen oder Samen, die du pflanzen oder pflegen möchtest (Blumen, Gemüse oder Kräuter)
- bequeme Kleidung, die für Gartenarbeit geeignet ist
- eine Decke oder ein Kissen, falls du dich setzen möchtest

Ruhiger Ort:

Such dir einen ruhigen und angenehmen Platz im Garten oder in einem Park, an dem man pflanzen darf und wo du ungestört arbeiten kannst. Achte darauf, dass der Ort gut beleuchtet ist und genügend Platz für deine Gartenarbeit bietet.

Einstimmung:

Nimm dir einen Moment Zeit, bevor du mit der Gartenarbeit beginnst, um dich auf die bevorstehende Aktivität einzustimmen. Schließe die Augen, atme tief ein und aus und spüre, wie du dich entspannst. Konzentriere dich auf den Moment und lasse alle Gedanken los.

Gartenarbeit:

Beginne mit der Gartenarbeit, indem du Blumen, Gemüse oder Kräuter pflanzt oder pflegst. Achte dabei auf die verschiedenen Texturen und Farben der Pflanzen.
Spüre beim Graben in der Erde die Textur und Temperatur der Erde. Lass deine Hände in die Erde graben und fühle, wie die Energie der Erde durch deine Hände in deinen Körper strömt.

Achtsamkeitsübung:

Praktiziere Achtsamkeit, während du arbeitest, indem du dich auf deine Sinne konzentrierst.

Sehen:

Achte auf die Farben der Pflanzen und die Formen der Blätter. Nimm die Schönheit der Natur um dich herum wahr.

Hören:

Höre die Geräusche der Natur, das Zwitschern der Vögel, das Rascheln der Blätter im Wind oder das Summen von Insekten.

Riechen:

Atme die frischen Düfte der Erde und der Pflanzen ein. Spüre, wie der Geruch der Erde dich erdet und beruhigt.

Fühlen:

Achte auf das Gefühl der Erde unter deinen Händen und den Widerstand der Pflanzen, während du sie schneidest oder pflanzt.

Reflexion:

Nimm dir nach der Gartenarbeit einen Moment Zeit, um über die Erfahrung nachzudenken. Was hast du gefühlt? Gab es besondere Einsichten oder Emotionen, die während der Arbeit aufkamen? Du kannst deine Gedanken in einem Tagebuch festhalten, um sie später zu reflektieren.

Abschluss:

Beende die Übung, indem du dich bei dir selbst und der Natur für die Zeit und die Energie bedankst, die du in die Gartenarbeit investiert hast. Nimm ein paar tiefe Atemzüge und spüre die Verbindung zur Erde und zur Natur um dich herum.

Achtsamkeitsübung zur Erdung

Diese Übung hilft dir, im Moment zu bleiben, deine Sinne zu schärfen und dich mit deiner Umgebung und der Erde zu verbinden. Sie fördert die Stabilisierung deiner Energie und ein Gefühl von Balance und Klarheit.
Die Übung kann emotionale Spannungen abbauen und dir ein Gefühl der inneren Ruhe geben.
Regelmäßige Praxis fördert deine Fähigkeit, im Moment zu bleiben und dich auf das Wesentliche zu konzentrieren.
Diese Achtsamkeitsübung kannst du regelmäßig durchführen, um deine Verbindung zur Natur und zu dir selbst zu stärken.

Vorbereitung:

Wähle einen ruhigen Raum in deinem Zuhause oder gehe nach draußen an einen Ort, der dir gefällt, wie z. B. einen Park, Garten oder einen ruhigen Platz in der Natur. Achte darauf, dass du ungestört bist und dich wohlfühlst.

Bequeme Position einnehmen:

Setz dich bequem auf einen Stuhl, auf den Boden oder lege dich hin. Achte darauf, dass deine Wirbelsäule aufrecht ist und entspanne deine Schultern. Du kannst deine Hände auf deinen

Oberschenkeln oder in deinem Schoß ablegen.

Einstimmung:

Schließe sanft deine Augen und atme tief durch die
Nase ein. Halte den Atem für einen Moment an
und atme dann langsam durch den Mund aus.
Wiederhole dies einige Male, um dich zu
entspannen und im Moment anzukommen.

Bewusstes Atmen:

Beginne, in einem natürlichen Rhythmus zu atmen.
Konzentriere dich auf das Gefühl des Atems, der in
deinen Körper strömt und ihn wieder verlässt.
Spüre, wie sich dein Bauch und deine Brust heben
und senken. Lass mit jedem Ausatmen Spannungen
los.

Sinneswahrnehmung:

Nimm dir 5-10 Minuten Zeit, um bewusst zu
atmen und deine Sinne zu nutzen. Frage dich:
„Was sehe ich?"
Öffne deine Augen und nimm die Farben, Formen
und Texturen um dich herum wahr. Achte auf
Details, die dir normalerweise entgehen.
„Was höre ich?"
Höre die Geräusche in deiner Umgebung, das
Zwitschern von Vögeln, das Rauschen des Windes
oder andere natürliche Klänge. Lass diese

Geräusche in dir wirken.

„Was fühle ich?"

Achte darauf, wie dein Körper den Boden oder den Stuhl berührt. Spüre die Textur des Untergrunds unter deinen Händen oder Füßen.

Fühle die Temperatur der Luft auf deiner Haut.

Fokus auf die Füße:

Richte deine Aufmerksamkeit auf deine Füße. Spüre, wie sie den Boden berühren. Nimm wahr, wie sich der Untergrund anfühlt, ist er hart, weich, kühl oder warm? Visualisiere, wie Wurzeln aus deinen Füßen in die Erde wachsen und dich stabilisieren. Lass dich von der Energie der Erde durchdringen.

Reflexion:

Nimm dir einen Moment Zeit, um über die Erfahrungen nachzudenken, die während dieser Übung aufgetreten sind. Wie hast du dich gefühlt? Gab es besondere Einsichten oder Emotionen, die aufkamen? Du kannst diese Gedanken in einem Tagebuch festhalten, um sie später zu reflektieren.

Abschluss:

Beende die Übung, indem du dich bei dir selbst und deiner Umgebung für die Zeit und die Energie dankst, die du dir gegeben hast. Nimm ein paar tiefe Atemzüge, öffne langsam deine Augen und komme wieder in den gegenwärtigen Moment.

Erdung:

Durch die Achtsamkeitsübung wirst du dir deiner Verbindung zur Erde bewusster, was dir hilft, dich stabiler und geerdeter zu fühlen.

Ritual der Dankbarkeit für Indigo-Erwachsene

Ein Dankbarkeitsritual kann eine kraftvolle Praxis für dich als Indigo sein, um deine Verbindung zu dir selbst, zu anderen und zur Welt zu stärken.
Es fördert die Selbstreflexion und das Bewusstsein für die positiven Aspekte des Lebens.
Dieses Dankbarkeitsritual kannst du regelmäßig durchführen, um dein emotionales Wohlbefinden zu stärken und eine positive Einstellung zu fördern.
Es ist eine wunderbare Möglichkeit, Dankbarkeit zu praktizieren und deine Verbindung zur Welt zu vertiefen.

Ruhiger Ort:

Such dir einen ruhigen Ort, an dem du ungestört bist. Dies kann drinnen oder draußen sein, je nachdem, wo du dich wohlfühlst.

Materialien:

- Notizbuch
- einen Stift
- eine Kerze
- Räucherwerk
- einen besonderen Gegenstand, der für dich eine Bedeutung hat, verwenden.

Einstimmung:

Wenn du möchtest, kannst du vorher eine Kerze oder Räucherwerk für die Atmosphäre anzünden. Setz dich bequem hin und nimm einige tiefe Atemzüge. Schließe die Augen und konzentriere dich auf den Moment. Lass alle Gedanken und Sorgen los.

Dankbarkeitsfokus:

Überlege dir, auf welche Aspekte deines Lebens du Dankbarkeit empfinden möchtest. Dies können kleine Alltagsfreuden, besondere Menschen in deinem Leben oder Erfahrungen sein, die dich geprägt haben.

Kreis der Dankbarkeit:

Wenn du mit anderen zusammen bist, könnt ihr im Kreis sitzen. Jeder Teilnehmer kann abwechselnd etwas teilen, wofür er dankbar ist. Wenn du allein bist, kannst du auch laut aussprechen, wofür du dankbar bist.

Schreiben:

Nimm dein Tagebuch und schreibe mindestens fünf Dinge auf, für die du in diesem Moment dankbar bist. Versuche, spezifisch zu sein und die positiven Gefühle, die mit jedem Punkt verbunden sind, zu spüren. Zum Beispiel: „Ich bin dankbar für die Unterstützung meiner Freunde, die mir in schwierigen Zeiten beistehen."

Visualisierung:

Stell dir vor, wie diese Dankbarkeit in deinem Herzen wächst und visualisiere, wie sie sich auf andere Menschen und Situationen in deinem Leben ausbreitet. Fühle die Wärme und das Licht, das aus deiner Dankbarkeit strömt.

Affirmation der Dankbarkeit:

Sprich eine Dankbarkeitsaffirmation aus, die dich anspricht. Zum Beispiel: „Ich bin dankbar für all die Segnungen in meinem Leben und öffne mich für noch mehr Freude und Fülle."

Abschluss:

Beende das Ritual, indem du dich bei dir selbst für die Zeit und die Reflexion bedankst. Wenn du eine Kerze oder Räucherwerk verwendet hast, kannst du dies jetzt löschen oder ausblasen, um das Ritual abzuschließen.

Integration:

Nimm dir einen Moment Zeit, um über die Einsichten nachzudenken, die du während des Rituals gewonnen hast. Überlege auch, wie du diese Dankbarkeit in deinen Alltag integrieren kannst. Das Ritual fördert ein positives Mindset und hilft, negative Gedanken zu transformieren.

Verbundenheit:

Du kannst durch Dankbarkeit eine tiefere Verbindung zu dir selbst und zu anderen aufbauen.

Zielsetzungs- und Manifestationsritual

Ein effektives Ritual, das dir als Indigo helfen kann, deine Ziele klar zu setzen und zu manifestieren, ist das Zielsetzungs- und Manifestationsritual. Dieses Ritual fördert die Klarheit über persönliche Ziele, die Intention und

die Verbindung zu deiner eigenen inneren Weisheit.
Das Ritual hilft dir, Klarheit über persönliche Ziele zu gewinnen und diese zu formulieren.
Es stärkt deine Fähigkeit, Intentionen zu setzen, die für dein persönliches Wachstum wichtig sind. Du kannst durch das Ritual motiviert werden, aktiv an der Verwirklichung deiner Ziele zu arbeiten. Dieses Zielsetzungs- und Manifestationsritual kannst du regelmäßig durchführen, um deine persönliche Entwicklung zu unterstützen und eine tiefere Verbindung zu dir selbst herzustellen. Es ist eine großartige Möglichkeit, dich auf deine Ziele zu konzentrieren und einen klaren Plan zur Erreichung dieser Ziele zu entwickeln.

Ruhiger Ort:

Such dir einen ruhigen und angenehmen Ort, an dem du ungestört bist. Dies kann drinnen oder draußen sein, je nachdem, wo du dich wohlfühlst.

Materialien:

- Notizbuch
- Stifte oder Marker
- einige Kerzen
- Räucherwerk
- Bilder oder Symbole sammeln, die deine Ziele repräsentieren

Einstimmung:

Wenn du möchtest, kannst du vorher eine Kerze
oder Räucherwerk für die Atmosphäre anzünden.
Setz dich bequem hin und nimm einige tiefe
Atemzüge. Schließe die Augen und konzentriere
dich auf den Moment. Lass alle Gedanken und
Sorgen los.

Intention setzen:

Überlege dir eine klare Intention für das Ritual.
Was möchtest du erreichen? Welche Ziele möchtest
du setzen? Formuliere deine Intention in einem
Satz z. B. „Ich bin bereit, klare und erreichbare
Ziele zu setzen, die meinem höchsten Wohl
dienen."

Ziele definieren:

Nimm dein Tagebuch und schreibe eine Liste von
Zielen auf, die du in den kommenden Monaten
oder Jahren erreichen möchtest. Achte darauf,
spezifisch zu sein. Verwende die SMART-Methode
(Spezifisch, messbar, erreichbar, relevant,
zeitgebunden), um deine Ziele zu formulieren.
Zum Beispiel: „Ich nehme in den nächsten sechs
Monaten 5 kg ab, indem ich dreimal pro Woche
Sport treibe und meine Ernährung verbessere."

Visualisierung:

Visualisiere dich, wie du deine Ziele erreichst.
Stell dir vor, wie es sich anfühlt, wenn du dein Ziel
erreicht hast. Achte auf die Emotionen und das
Glück, das damit verbunden ist. Lass diese
positiven Gefühle in deinem Körper wirken.

Manifestation:

Schreibe eine Manifestationsaffirmation für jedes
Ziel, das du festgelegt hast. Zum Beispiel: „Ich
ziehe Gesundheit und Wohlbefinden in mein
Leben, während ich mein Ziel des Abnehmens
erreiche." Wiederhole diese Affirmationen laut
oder in Gedanken.

Kreativer Ausdruck:

Wenn du möchtest, kannst du ein Visionboard
erstellen, auf dem du Bilder, Wörter und Symbole
sammelst, die deine Ziele repräsentieren. Dies
kann dir helfen, dich visuell mit deinen Zielen zu
verbinden.

Abschluss:

Beende das Ritual, indem du dich bei dir selbst für
die Zeit und die Reflexion bedankst. Zünde eine
Kerze an oder räuchere, um die positive Energie

und die Absicht, die du während des Rituals gesetzt hast, zu verstärken.

Integration:

Nimm dir einen Moment Zeit, um über die Einsichten nachzudenken, die du während des Rituals gewonnen hast. Schreibe in dein Tagebuch, wie du die Schritte zur Erreichung deiner Ziele umsetzen möchtest.

Ritual zur Selbstakzeptanz und Selbstliebe

Ein Ritual zur Selbstakzeptanz und Selbstliebe kann dir als Indigo-Erwachsenen helfen, dich selbst besser zu verstehen, deine Einzigartigkeit zu schätzen und eine tiefere Verbindung zu dir selbst aufzubauen.
Das Ritual fördert die Akzeptanz deiner Persönlichkeit und Einzigartigkeit.
Du kannst durch die Reflexion über deine Stärken und positiven Eigenschaften emotionale Heilung erfahren.
Die positiven Affirmationen und Visualisierungen stärken dein Selbstbewusstsein und fördern ein liebevolles Verhältnis zu dir selbst.
Dieses Ritual zur Selbstakzeptanz und Selbstliebe kannst du regelmäßig durchführen, um eine tiefere Verbindung zu dir selbst herzustellen und dein

emotionales Wohlbefinden zu fördern. Es ist eine kraftvolle Möglichkeit, dich selbst zu feiern und deine eigene Einzigartigkeit zu schätzen.

Ruhiger Ort:

Wenn du möchtest, kannst du vorher eine Kerze oder Räucherwerk für die Atmosphäre anzünden. Such dir einen ruhigen, geschützten Ort, an dem du ungestört bist. Dies kann drinnen oder draußen sein, je nachdem, wo du dich wohlfühlst.

Materialien:

- Tagebuch oder Notizbuch
- Stifte oder Marker
- einige Kerzen
- Räucherwerk
- einen Spiegel, um dich selbst anzusehen

Einstimmung:

Setz dich bequem hin und nimm einige tiefe Atemzüge. Schließe die Augen und konzentriere dich auf den Moment. Lass alle Gedanken und Sorgen los.

Intention setzen:

Überlege dir eine klare Intention für das Ritual.
Möchtest du deine Selbstliebe stärken oder
bestimmte negative Glaubenssätze loslassen?
Formuliere deine Intention in einem Satz z. B. „Ich
bin bereit, mich selbst zu akzeptieren und zu
lieben, so wie ich bin."

Selbstreflexion:

Nimm dein Tagebuch und schreibe über folgende
Fragen:
„Was schätze ich an mir selbst?
Welche Eigenschaften oder Talente möchte ich
anerkennen?
Gibt es negative Glaubenssätze oder Selbstkritik,
die ich loslassen möchte?"

Positive Affirmationen:

Schreibe einige positive Affirmationen auf, die
deine Selbstakzeptanz und Selbstliebe
unterstützen. Zum Beispiel:
„Ich bin genug, so wie ich bin."
„Ich liebe und akzeptiere mich selbst
bedingungslos."
„Ich bin einzigartig und wertvoll."

Spiegelübung:

Wenn du einen Spiegel hast, stelle dich vor ihn und schaue dich an. Sprich laut deine Affirmationen aus, während du dir selbst in die Augen schaust. Fühle die Worte und lass sie in dein Herz dringen. Wenn du keinen Spiegel hast, kannst du die Affirmationen auch einfach in Gedanken wiederholen.

Visualisierung:

Stell dir vor, wie es sich anfühlt, dich selbst vollständig zu akzeptieren und zu lieben. Visualisiere, wie du dich in verschiedenen Lebensbereichen (z. B. Beziehungen, Arbeit, Freizeit) mit Selbstliebe und Akzeptanz bewegst. Spüre das Gefühl der inneren Ruhe und des Glücks.

Dankbarkeit:

Nimm dir einen Moment Zeit, um für die Dinge in deinem Leben dankbar zu sein, die zu deiner Selbstliebe beitragen. Schreibe diese Dinge in dein Tagebuch.

Abschluss:

Beende das Ritual, indem du dich bei dir selbst für die Zeit und die Reflexion bedankst. Zünde eine Kerze an oder räuchere, um die positive Energie und die Absicht, die du während des Rituals gesetzt hast, zu verstärken.

Integration:

Nimm dir Zeit, um über die Einsichten nachzudenken, die du während des Rituals gewonnen hast. Überlege, wie du diese Selbstliebe und Akzeptanz in deinen Alltag integrieren kannst.

Selbstentdeckungs- und Stärken-Ritual

Ein wundervolles Ritual, das dir als Indigo helfen kann, deine Stärken, Talente und einzigartigen Eigenschaften zu erkennen, ist das Selbstentdeckungs- und Stärken-Ritual. Dieses Ritual fördert die Selbstreflexion und das Bewusstsein für deine eigenen Fähigkeiten. Das Ritual fördert das Bewusstsein für deine eigenen Stärken und Talente, was dein Selbstvertrauen stärkt. Du kannst durch die Identifizierung deiner einzigartigen Eigenschaften motiviert werden, diese in deinem Leben zu nutzen.

Die Reflexion über Stärken und Talente unterstützt deine persönliche Entwicklung und dein Wachstum.

Dieses Selbstentdeckungs- und Stärken-Ritual kannst du regelmäßig durchführen, um eine tiefere Verbindung zu dir selbst herzustellen und deine eigenen Fähigkeiten zu feiern. Es ist eine wunderbare Möglichkeit, deine Einzigartigkeit zu erkennen und zu schätzen.

Ruhiger Ort:

Such dir einen ruhigen und angenehmen Ort, an dem du ungestört bist. Dies kann drinnen oder draußen sein, je nachdem, wo du dich wohlfühlst.

Materialien:

- Tagebuch oder Notizbuch
- Stifte oder Marker
- einige Kerzen
- Räucherwerk, um eine entspannende Atmosphäre zu schaffen

Einstimmung:

Wenn du möchtest, kannst du vorher eine Kerze oder Räucherwerk für die Atmosphäre anzünden. Setz dich bequem hin und nimm einige tiefe

Atemzüge. Schließe die Augen und konzentriere dich auf den Moment. Lass alle Gedanken und Sorgen los.

Intention setzen:

Überlege dir eine klare Intention für das Ritual. Was möchtest du über dich selbst erfahren? Formuliere deine Intention in einem Satz z. B. „Ich bin bereit, meine Stärken und einzigartigen Eigenschaften zu entdecken."

Selbstreflexion:

Nimm dein Tagebuch und schreibe über folgende Fragen:
„Was sind meine größten Stärken?"
Denke an Fähigkeiten, die dir leicht fallen oder die du gerne machst.
„Welche Talente habe ich, die ich vielleicht noch nicht vollständig erkundet habe?"
„Was macht mich einzigartig?"
Denke an Eigenschaften, die dich von anderen unterscheiden.

Feedback einholen:

Wenn du dich wohlfühlst, frage vertrauenswürdige Freunde oder Familienmitglieder, was sie als deine Stärken und Talente wahrnehmen. Notiere deren Rückmeldungen in deinem Tagebuch.

Visualisierung:

Stell dir vor, wie du deine Stärken und Talente in
deinem Alltag einsetzt. Visualisiere dich in
Situationen, in denen du diese Fähigkeiten
erfolgreich nutzt und spüre das positive Gefühl,
das damit verbunden ist.

Positives Mantra:

Schreibe ein positives Mantra oder eine
Affirmation, die deine Stärken und Talente
widerspiegelt. Zum Beispiel:
„Ich bin kreativ und einfühlsam. Ich bringe Licht
und Liebe in die Welt." Wiederhole dieses Mantra
laut oder in Gedanken.

Kreativer Ausdruck:

Wenn du möchtest, kannst du eine kreative
Aktivität hinzufügen, um deine Stärken zu feiern.
Dies könnte Zeichnen, Malen, Schreiben oder
Musizieren sein. Lass deiner Kreativität freien
Lauf und nutze diese Zeit, um deine Talente
auszudrücken.

Abschluss:

Beende das Ritual, indem du dich für die Zeit und
die Reflexion bedankst. Zünde eine Kerze an oder

räuchere, um die positive Energie zu verstärken,
die du während des Rituals gesetzt hast.

Integration:

Nimm dir Zeit, um über die Einsichten
nachzudenken, die du während des Rituals
gewonnen hast. Überlege, wie du diese Stärken
und Talente in deinem Alltag und in deinen
Beziehungen nutzen kannst.

Lernaufgaben für hochsensible Indigo-Erwachsene

Emotionale Landkarte für hochsensible Indigo-Erwachsene

Diese Übung zielt darauf ab, hochsensiblen Indigo-Erwachsenen zu helfen, ihre Emotionen und deren Auslöser zu visualisieren, um ein besseres Verständnis für ihre Empfindungen zu entwickeln. Durch kreative Ausdrucksformen können sie die Komplexität ihrer Gefühle erfassen und Strategien zur Emotionsbewältigung finden.

Materialien:

- Großes Blatt Papier oder Skizzenbuch
- Buntstifte, Marker oder Wasserfarben
- Bilder, Scheren und Kleber für Collagen
- Tagebuch oder Notizbuch für Reflexionen

Ruhiger Ort:

Such dir einen ruhigen, komfortablen Ort, an dem du ungestört arbeiten kannst. Achte darauf, dass du dich wohlfühlst und die Umgebung angenehm ist. Du könntest sanfte Musik im Hintergrund abspielen oder Kerzen anzünden, um eine entspannende Atmosphäre zu schaffen.

Emotionale Bestandsaufnahme:

Nimm dir einige Minuten Zeit, um über die letzten Wochen oder Monate nachzudenken. Welche Emotionen hast du häufig erlebt? Welche Situationen oder Menschen haben diese Emotionen ausgelöst? Schreibe diese Gedanken auf und erkenne die wichtigsten Gefühle, die dich beschäftigt haben (z. B. Freude, Traurigkeit, Angst, Wut, Überwältigung).

Erstellung der emotionalen Landkarte:

Beginne damit, eine emotionale Landkarte zu entwerfen. Zeichne eine große Karte oder ein Diagramm, das deine Emotionen darstellt. Du könntest verschiedene Bereiche für unterschiedliche Emotionen anlegen, z. B.:

Freude: Positive Erlebnisse, Hobbys, liebe Menschen

Traurigkeit: Verluste, Enttäuschungen, Einsamkeit

Angst: Stressige Situationen, Unsicherheiten

Wut: Konflikte, Ungerechtigkeiten

Überwältigung: Überforderung in sozialen Situationen oder bei Aufgaben

Symbolik und Farben:

Verwende unterschiedliche Farben oder Symbole, um die Intensität und Art deiner Emotionen darzustellen. Warme Farben (Rot, Orange, Gelb) könnten für positive Gefühle stehen, während kühle Farben (Blau, Grün, Violett) negative oder herausfordernde Emotionen repräsentieren.

Integriere visuelle Elemente:

Du kannst auch Bilder oder Worte aus Zeitschriften oder aus dem Internet ausschneiden und in deine Landkarte einfügen. Diese visuellen Elemente können deine Empfindungen weiter verdeutlichen und die emotionale Tiefe deiner Karte erhöhen. Überlege, welche Bilder oder Worte deine Gefühle am besten beschreiben.

Betrachtung der Landkarte:

Nimm dir Zeit, um deine emotionale Landkarte zu betrachten. Achte auf die Muster, die sich zeigen. Gibt es bestimmte Emotionen, die häufig auftreten? Welche Auslöser sind wiederkehrend? Wie fühlst du dich in den verschiedenen Bereichen deiner Karte?

Schriftliche Reflexion:

Notiere einige Gedanken oder Erkenntnisse, die du aus dieser Übung gewonnen hast. Gibt es Strategien, die dir helfen könnten, mit bestimmten Emotionen besser umzugehen? Welche Emotionen sind für dich am herausforderndsten?

Umsetzung im Alltag:

Überlege, wie du die Erkenntnisse aus dieser Übung in deinem Alltag umsetzen kannst. Gibt es Veränderungen, die du vornehmen möchtest, um besser mit deinen Emotionen umzugehen? Möchtest du mehr Zeit in positiven Umgebungen verbringen oder bestimmte Stressfaktoren reduzieren? Setze dir konkrete Ziele, um deine emotionalen Bedürfnisse zu berücksichtigen.

Abschluss:

Diese Übung kann hochsensiblen Indigo-Erwachsenen helfen, ein tieferes Verständnis für ihre Emotionen zu entwickeln und Strategien zu finden, um mit ihrer Sensibilität umzugehen. Die emotionale Landkarte ist nicht nur ein kreatives Projekt, sondern auch ein wertvolles Werkzeug zur Selbstreflexion und persönlichen Entwicklung. Es ermutigt dazu, die eigenen Gefühle ernst zu nehmen und aktiv an einem gesunden Umgang mit ihnen zu arbeiten.

Intuitionsreise für hochsensible Indigo-Erwachsene

Diese Übung fördert die Verbindung zur eigenen Intuition und ermöglicht es den Teilnehmern, ihre inneren Stimmen und Gefühle besser zu verstehen. Sie hilft dabei, Klarheit zu gewinnen und Entscheidungen aus einer tieferen inneren Weisheit heraus zu treffen.
Die Intuitionsreise ist eine wundervolle Übung, die hochsensiblen Indigo-Erwachsenen hilft, ihre innere Weisheit zu entdecken und zu fördern. Diese kreative und meditative Praxis kann das Selbstbewusstsein stärken und die Verbindung zur eigenen Intuition vertiefen. Wenn du regelmäßig Zeit für diese Übung einplanst, investierst du in dein persönliches Wachstum und Wohlbefinden,

was für deine Lebensqualität von großer
Bedeutung ist.

Materialien:

- ein ruhiger Ort, an dem du ungestört bist
- ein Notizbuch oder Tagebuch
- Stifte oder Buntstifte
- entspannende Musik oder Naturgeräusche

Ruhiger Raum:

Such dir einen Raum, in dem du dich wohlfühlst
und ungestört bist. Achte darauf, dass du dich in
diesem Raum sicher und geborgen fühlst. Du
könntest eine Decke oder ein Kissen bereithalten,
um es dir bequem zu machen.

Atmosphäre schaffen:

Wenn du möchtest, dann spiele sanfte Musik oder
Naturgeräusche im Hintergrund ab, um eine
beruhigende Atmosphäre zu schaffen. Düfte wie
Lavendel oder Zitrusfrüchte können ebenfalls
helfen, eine entspannte Stimmung zu fördern.

Atemübungen:

Setz dich bequem hin oder lege dich hin. Beginne
mit ein paar tiefen Atemzügen. Atme durch die

Nase ein und zähle bis vier, halte den Atem für einen Moment an und atme dann langsam durch den Mund aus, während du bis sechs zählst. Wiederhole dies mehrere Male. Lass beim Ausatmen alle Spannungen des Tages los und spüre, wie dein Körper sich entspannt.

Körperwahrnehmung:

Scanne deinen Körper von Kopf bis Fuß und nimm wahr, wo du Spannungen oder Unbehagen spürst. Nimm diese Empfindungen an und lasse sie beim Ausatmen los. Visualisiere, wie mit jedem Atemzug mehr Ruhe in deinen Körper strömt.

Friedlicher Ort:

Schließe die Augen und stell dir vor, dass du an einem schönen, friedlichen Ort bist, der für dich eine Quelle der Inspiration und Ruhe darstellt. Dies kann ein Strand, ein Wald, ein Garten oder ein anderer Ort sein, den du liebst.

Sinne aktivieren:

Visualisiere, wie du an diesem Ort bist. Was siehst du? Welche Farben sind präsent? Was hörst du? Sind es die Wellen des Meeres, das Zwitschern der Vögel oder das Rascheln der Blätter? Welche Gerüche nimmst du wahr? Lass diese Eindrücke lebendig werden und tauche vollständig in diese

Umgebung ein.

Fragen formulieren:

Stell dir einige Fragen, auf die du Antworten
suchst, während du an deinem friedlichen Ort
verweilst. Diese Fragen können sich auf
verschiedene Lebensbereiche beziehen, z. B.
Entscheidungen, persönliche Herausforderungen
oder deine Ziele. Beispiele für Fragen sind:
„Was brauche ich, um mich in meinem Alltag
wohler zu fühlen?"
„Welche Schritte kann ich unternehmen, um meine
Kreativität zu fördern?"
„Wie kann ich meine Empathie besser nutzen, um
anderen zu helfen?"

Intuition wahrnehmen:

Achte darauf, welche Gedanken, Bilder oder
Gefühle während dieser Visualisierung auftauchen.
Lass deine Intuition sprechen, ohne sie zu
bewerten oder zu kritisieren. Sei offen für alle
Eindrücke, die sich zeigen, auch wenn sie anfangs
unklar erscheinen.

Aufschreiben:

Halte alles, was dir in den Sinn kommt, in deinem
Notizbuch fest. Du könntest auch Skizzen oder
Zeichnungen anfertigen, um deine Eindrücke

festzuhalten. Dies hilft dir, das Erlebte besser zu verarbeiten und dich dran zu erinnern.

Durchsicht der Notizen:

Nimm dir nach der Visualisierung Zeit, um deine Notizen durchzugehen. Was hast du über deine Intuition und deine Bedürfnisse gelernt? Gibt es bestimmte Themen oder Anliegen, die wiederholt auftauchen? Notiere deine Gedanken und Gefühle zu den erhaltenen Antworten.

Umsetzung der Einsichten:

Überlege, wie du die eingegangenen Einsichten in deinem Alltag umsetzen kannst. Gibt es konkrete Schritte, die du unternehmen möchtest? Vielleicht möchtest du einen bestimmten Aspekt deiner Kreativität fördern oder mehr Zeit für dich selbst einplanen.

Regelmäßige Praxis:

Du kannst diese Übung regelmäßig wiederholen, um deine Intuition weiter zu stärken und dich mit deinem inneren Selbst zu verbinden. Mit der Zeit wirst du möglicherweise feststellen, dass deine Intuition klarer wird und du besser auf deine innere Stimme hören kannst. Setze dir vielleicht einmal pro Woche einen Termin, um diese Intuitionsreise zu machen.

Gefühls-Collage für hochsensible Indigo-Erwachsene

Diese Übung fördert die Selbstreflexion, hilft dabei, Emotionen zu erkennen und auszudrücken, und bietet eine kreative Möglichkeit, innere Gefühle sichtbar zu machen. Durch die Gestaltung einer Collage können hochsensible Indigos ihre Emotionen in einer sicheren und kreativen Umgebung verarbeiten.

Die Gefühls-Collage ist eine kraftvolle Möglichkeit für hochsensible Indigo-Erwachsene, sich kreativ auszudrücken und ihre Emotionen zu verarbeiten. Diese Übung fördert nicht nur die Selbstreflexion, sondern bietet auch eine visuelle Darstellung ihrer inneren Welt. Wenn du deine Emotionen in dieser Form ausdrückst, kannst du ein besseres Verständnis für dich selbst entwickeln und eine tiefere Verbindung zu deinen Gefühlen aufbauen. Nutze diese kreative Methode als regelmäßigen Ausdruck deiner inneren Prozesse und als Werkzeug zur emotionalen Heilung und Selbstentdeckung.

Materialien:

- Zeitschriften, alte Bücher oder Drucke (Diese dienen als Quelle für Bilder und Texte)

- Schere
- Kleber
- großes Blatt Papier oder ein Plakat (als Grundlage für die Collage)
- Farbstifte oder Marker (für zusätzliche kreative Elemente und Beschriftungen)
- andere dekorative Materialien (um die Collage zu verschönern)

Ruhiger Ort:

Such dir einen ruhigen, ungestörten Raum, in dem du dich wohlfühlst. Achte darauf, dass die Atmosphäre angenehm ist, vielleicht durch sanfte Musik oder Kerzenlicht, die eine entspannende Stimmung schaffen.

Selbstbeobachtung:

Nimm dir einige Minuten Zeit, um über deine aktuellen Gefühle nachzudenken. Welche Emotionen hast du in letzter Zeit erlebt? Welche Situationen oder Personen haben diese Gefühle ausgelöst? Du kannst deine Gedanken in einem Notizbuch festhalten, um Klarheit über deine Emotionen zu gewinnen.

Emotionen benennen:

Überlege, welche spezifischen Emotionen du

darstellen möchtest. Mögliche Gefühle sind Freude, Traurigkeit, Angst, Wut, Liebe oder Überwältigung. Dies hilft dir, deinen Fokus für die Collage zu bestimmen.

Bilder und Wörter suchen:

Blättere durch die Zeitschriften oder alten Bücher und suche nach Bildern, Wörtern oder Phrasen, die deine Emotionen widerspiegeln. Achte darauf, dass du alles auswählst, was dich anspricht und mit deinen Gefühlen resoniert.

Vielfalt an Materialien:

Versuch, eine Vielzahl von Bildern und Texten zu finden, die unterschiedliche Aspekte deiner Emotionen darstellen. Dies könnte eine Mischung aus positiven und herausfordernden Gefühlen sein.

Anordnung planen:

Beginne, deine gesammelten Bilder und Texte auf dem großen Blatt Papier oder Plakat anzuordnen. Experimentiere mit verschiedenen Anordnungen, bevor du sie endgültig festklebst. Überlege, ob du die Bilder nach Farben, Emotionen oder Themen gruppieren möchtest.

Kleben:

Wenn du mit der Anordnung zufrieden bist, dann klebe die Bilder und Texte an den gewünschten Stellen fest. Achte darauf, dass du dir Zeit nimmst und den Prozess genießt.

Zusätzliche Elemente hinzufügen:

Nutze die Farbstifte oder Marker, um deine Collage weiter zu gestalten. Du kannst Worte oder Sätze schreiben, die deine Gefühle beschreiben oder Symbole zeichnen, die für dich eine besondere Bedeutung haben.

Persönliche Note:

Lass deiner Kreativität freien Lauf! Du könntest auch Glitzer oder Aufkleber verwenden, um bestimmte Bereiche hervorzuheben oder die Collage lebendiger zu gestalten.

Betrachtung der Collage:

Nimm dir, nachdem du deine Collage fertiggestellt hast Zeit, um sie in Ruhe zu betrachten. Was siehst du? Welche Emotionen kommen beim Betrachten hoch? Gibt es bestimmte Bilder oder Wörter, die dir besonders ins Auge fallen?

Schriftliche Reflexion:

Schreibe einige Gedanken über deine Collage auf. Was sagt sie über dich aus? Welche Gefühle möchtest du mehr ausdrücken oder annehmen? Diese schriftliche Reflexion kann dir helfen, deine innere Welt besser zu verstehen.

Austausch mit anderen:

Wenn du dich wohlfühlst, kannst du deine Collage mit jemandem teilen, dem du vertraust. Diskutiere über die Emotionen, die du dargestellt hast und die Einsichten, die du gewonnen hast. Dies kann zu tiefen Gesprächen und einer stärkeren Verbindung führen.

Die Vorteile der Arbeit mit Heilsteinen für Indigo-Erwachsene

Indigo-Erwachsene sind oft hochsensibel und intuitiv begabt, was ihnen ermöglicht, tiefere emotionale und spirituelle Erfahrungen zu machen. Dennoch kann diese Empfindsamkeit auch Herausforderungen mit sich bringen, wie Überstimulation und emotionale Schwankungen. Die Arbeit mit Heilsteinen bietet Indigo-Erwachsenen eine wertvolle Möglichkeit, ihre Energien zu harmonisieren, ihre Intuition zu stärken und ihre innere Balance zu finden.

Die Arbeit mit Heilsteinen bietet Indigo-Erwachsenen eine transformative Möglichkeit, ihre Sensibilität in positive Energie umzuwandeln. Durch die bewusste Anwendung von Heilsteinen können sie nicht nur ihre innere Balance finden, sondern auch ihre spirituelle Entwicklung fördern. Wenn sie die spezifischen Eigenschaften der Steine nutzen, können Indigo-Erwachsene lernen, ihre Herausforderungen zu meistern und ihre einzigartigen Gaben in der Welt entfalten.

Heilsteine sind bekannt für ihre spezifischen energetischen Eigenschaften, die helfen können, energetische Blockaden zu lösen und das emotionale Gleichgewicht wiederherzustellen.

Indigo-Erwachsene können durch die gezielte Auswahl und Anwendung von Heilsteinen lernen, ihre inneren Spannungen abzubauen und ein Gefühl der Ruhe und Stabilität zu finden.

Bergkristall:

Dieser vielseitige Stein ist ein hervorragendes Werkzeug zur Energieharmonisierung. Er kann helfen, negative Energien zu klären und die eigene Energie zu verstärken. Indigo-Erwachsene, die oft von intensiven Emotionen überwältigt werden, können durch die Arbeit mit Bergkristall mehr Klarheit und Fokussierung in ihre Gedanken bringen.

Amethyst:

Bekannt für seine beruhigenden Eigenschaften fördert der Amethyst geistige Klarheit und Konzentration. Er kann Indigo-Erwachsenen helfen, ihre Gedanken zu ordnen und sich auf ihre spirituellen Ziele zu konzentrieren, während er gleichzeitig eine schützende Energie bietet.

Indigo-Erwachsene sind oft besonders intuitiv. Und die Arbeit mit bestimmten Heilsteinen kann diese Fähigkeit weiter vertiefen.

Lapislazuli:

Dieser kraftvolle Stein fördert das innere Wissen und die Intuition. Durch die Meditation mit Lapislazuli können Indigo-Erwachsene ihre intuitive Wahrnehmung stärken und ihre inneren Einsichten klarer erkennen.

Fluorit:

Fluorit ist ein weiterer Stein, der die geistige Klarheit und die intuitive Wahrnehmung unterstützt. Er hilft bei der Strukturierung von Gedanken und fördert die Fähigkeit, intuitiv Entscheidungen zu treffen. Indigo-Erwachsene können durch die Arbeit mit Fluorit lernen, ihrer inneren Stimme besser zu vertrauen.

Emotionale Wunden und Herausforderungen im Selbstwertgefühl sind häufige Themen für Indigo-Erwachsene. Heilsteine können dabei helfen, diese emotionalen Blockaden zu heilen und ein gesundes Selbstbild zu fördern.

Rosenquarz:

Dieser Stein ist bekannt als der Stein der Liebe und des Mitgefühls. Er kann helfen, emotionale Wunden zu heilen und das Herz für Selbstliebe zu öffnen. Indigo-Erwachsene, die Schwierigkeiten haben, sich selbst zu akzeptieren, können durch die Arbeit mit Rosenquarz lernen, ihre Empfindsamkeit als Stärke zu sehen.

Citrin:

Citrin ist ein Stein der Fülle und des Selbstwerts. Er kann Indigo-Erwachsenen helfen, neue Perspektiven auf ihre Fähigkeiten und Talente zu entwickeln und das Selbstvertrauen zu stärken. Durch die Arbeit mit Citrin können sie lernen, ihre einzigartigen Eigenschaften zu schätzen und zu nutzen.

Übungen mit Heilsteinen

Meditation mit Heilsteinen

Diese Meditation hilft dir, dich mit der Energie deiner Heilsteine zu verbinden, deine innere Klarheit zu stärken und emotionale Blockaden zu lösen.

Wähle deinen Heilstein:

Such dir einen Heilstein aus, der zu deinem aktuellen Bedürfnis passt. Beispielsweise ist der Amethyst ideal für Klarheit und geistige Ruhe, während der Rosenquarz Liebe und Selbstakzeptanz fördert. Halte den Stein in der Hand und spüre seine Energie.

Richte deinen Raum ein:

Finde einen ruhigen Ort, an dem du ungestört bist. Stelle sicher, dass der Raum angenehm temperiert ist und dass du dich wohlfühlst. Du kannst auch sanfte Musik oder Naturgeräusche im Hintergrund abspielen, wenn dir das hilft.

Bequeme Position:

Setz dich bequem auf einen Stuhl oder den Boden mit aufrechter Wirbelsäule. Alternativ kannst du dich auch hinlegen, wenn das für dich angenehmer ist. Achte darauf, dass deine Hände in deinem Schoß oder auf deinen Knien ruhen.

Halte oder lege den Stein:

Halte den Heilstein in deiner dominanten Hand oder lege ihn sanft auf dein Herzchakra (in der Mitte deiner Brust). Spüre den Kontakt des Steins mit deinem Körper und lass die Energie des Steins durch deine Hand oder dein Herzchakra fließen.

Atme tief ein und aus:

Schließe sanft die Augen und beginne mit tiefen Atemzügen. Atme durch die Nase ein, zähle bis vier, halte den Atem für vier Zählzeiten an und atme dann langsam durch den Mund aus, zähle dabei bis sechs. Wiederhole diesen Atemzyklus mehrere Male, um dich zu entspannen.

Visualisierung:

Stell dir vor, wie die Energie vom Heilstein mit jedem Atemzug in deinen Körper einströmt. Visualisiere wie ein sanftes Licht oder eine Farbe, die mit deinem Stein verbunden ist, durch deinen Körper fließt. Fühle, wie diese Energie Blockaden auflöst, Spannungen löst und jeden Teil deines Körpers mit Licht und Wärme durchdringt.

Affirmationen:

Während du in dieser visualisierten Energie verweilst, kannst du leise Affirmationen wiederholen, die zu deinem Heilstein passen. Zum Beispiel: „Ich bin klar und fokussiert" (für Amethyst) oder „Ich öffne mein Herz für Liebe und Mitgefühl" (für Rosenquarz). Wiederhole diese Affirmationen in deinem Geist oder laut, während du die Energie des Steines spürst.

Verweile in der Meditation:

Bleibe für 10-15 Minuten in diesem meditativen Zustand. Wenn Gedanken aufkommen, erkenne sie an und lass sie sanft vorbeiziehen, während du dich wieder auf deinen Atem und die Energie des Steines konzentrierst.

Langsame Rückkehr:

Beende die Meditation, wenn du bereit bist, indem du langsam zu deinem Atem zurückkehrst. Fange an deine Finger und Zehen zu bewegen und nimm bewusst die Umgebung um dich herum wahr.

Dankbarkeit:

Halte deinen Heilstein in beiden Händen und danke ihm für die Unterstützung und die Energie, die du empfangen hast. Fühle die Verbindung zu dem Stein und nimm die positiven Energien mit in deinen Alltag.

Integration:

Nimm dir einen Moment Zeit, um über deine Erfahrungen während der Meditation nachzudenken. Du kannst deine Gedanken oder Erkenntnisse in einem Tagebuch festhalten, um sie später zu reflektieren.

Energiearbeit mit Heilsteinen

Diese Übung hilft dir, die Energie der Heilsteine zu nutzen, um deine Chakren zu reinigen und zu aktivieren, wodurch du dein energetisches Gleichgewicht wiederherstellen und deine innere Harmonie fördern kannst.

Wähle deine Heilsteine:

Wähle Heilsteine aus, die zu den verschiedenen Chakren passen. Hier sind einige Empfehlungen:
Wurzelchakra: Roter Jaspis oder Hämatit
Sakralchakra: Karneol oder Orange Calcite

Solarplexuschakra: Citrin oder Gelber Jaspis
Herzchakra: Rosenquarz oder Grünem Aventurin
Halschakra: Aquamarin oder Blaues Fluorit
Stirnchakra: Amethyst oder Lapislazuli
Kronenchakra: Bergkristall oder Selenit

Richte deinen Raum ein:

Finde einen ruhigen und bequemen Ort, an dem du dich entspannen kannst. Stelle sicher, dass die Temperatur angenehm ist und dass du ungestört bist. Du kannst eine Matte oder ein bequemes Kissen verwenden.

Bequeme Position:

Leg dich auf den Rücken, die Arme entspannt neben deinem Körper oder auf deinem Bauch. Achte darauf, dass dein Körper in einer geraden Linie liegt und dass du dich wohlfühlst.

Platzierung der Heilsteine:

Beginne mit dem Wurzelchakra.
Wurzelchakra: Lege den roten Jaspis oder Hämatit auf den Bereich zwischen deinen Füßen.

Fahre dann mit den anderen Chakren fort, indem du die entsprechenden Steine auf die jeweiligen Chakren legst:

Sakralchakra: Karneol oder Orange Calcite auf deinen Unterbauch.

Solarplexuschakra: Citrin oder Gelber Jaspis auf deinen Solarplexus (oberhalb des Bauchnabels).

Herzchakra: Rosenquarz oder Grüner Aventurin auf dein Herzchakra (Mitte der Brust).

Halschakra: Aquamarin oder Blaues Fluorit auf deinen Hals.

Stirnchakra: Amethyst oder Lapislazuli auf deine Stirn, zwischen deinen Augenbrauen.

Kronenchakra: Bergkristall oder Selenit auf deinen Kopf.

Augen schließen und entspannen:

Schließe sanft die Augen und atme tief ein und aus. Lass mit jedem Ausatmen alle Spannungen und Gedanken los. Konzentriere dich darauf, in eine tiefe Entspannung zu gelangen.

Fokus auf die Chakren:

Beginne mit dem Wurzelchakra.

Wurzelchakra: Stell dir vor, wie die Energie von dem roten Jaspis in das Chakra strömt, es reinigt und aktiviert. Visualisiere, wie ein warmes, rotes Licht von dem Stein ausgeht und das Chakra stärkt.

Bewege dich langsam zu jedem Chakra und wiederhole den Prozess. Stell dir für jedes Chakra die entsprechende Farbe und Energie vor:

Sakralchakra (orange): Spüre die kreative Energie.
Solarplexuschakra (gelb): Fühle das
Selbstbewusstsein und die persönliche Macht.
Herzchakra (grün oder rosa): Öffne dich für Liebe
und Mitgefühl.
Halschakra (blau): Erlaube dir, deine Wahrheit
auszudrücken.
Stirnchakra (indigo): Aktiviere deine Intuition und
dein inneres Wissen.
Kronenchakra (violett oder weiß): Verbinde dich
mit dem Universum und der spirituellen Weisheit.

Verweilen in der Position:

Bleibe in dieser Position für 20-30 Minuten. Nutze
die Zeit, um dich auf die Empfindungen in deinem
Körper zu konzentrieren. Achte darauf, wie sich
die Energie in jedem Chakra anfühlt und wie sich
dein gesamtes Energiefeld verändert.

Abschluss der Übung:

Wenn du bereit bist, die Übung zu beenden, dann
beginne deine Finger und Zehen sanft zu bewegen.
Atme tief ein und aus, um dich wieder mit deinem
Körper und deiner Umgebung zu verbinden.
Entferne die Steine von deinen Chakren und halte
jeden Stein kurz in deinen Händen. Bedanke dich
für die Energie und Unterstützung, die sie dir

gegeben haben.

Integration:

Nimm dir einen Moment Zeit, um über deine
Erfahrungen nachzudenken. Du kannst deine
Gedanken oder Erkenntnisse in einem Tagebuch
festhalten, um sie später zu reflektieren.

Fantasiereise in die Zukunft

Die Welt der Indigo-Erwachsenen im Jahr 2045

Setz dich bequem hin, schließe die Augen und atme tief ein. Lass die Gedanken des Alltags hinter dir und öffne dein Herz für eine Reise in die Zukunft. Es ist das Jahr 2045. Und du bist in einer Welt, die von Indigo-Erwachsenen geprägt ist, die ihre Lebensaufgaben mit Hingabe und Leidenschaft erfüllt haben. Lass uns tiefer in diese magische Welt eintauchen.

Ein neuer Morgen:

Der Tag beginnt in einer Stadt, die wie ein lebendiges Kunstwerk aussieht. Die Sonne strahlt in warmen Farben über den Horizont und wirft sanftes Licht auf die innovativen Gebäude, die aus nachhaltigen Materialien wie Holz, Glas und recyceltem Metall gebaut sind. Die Architektur ist organisch, mit geschwungenen Linien und lebendigen Farben, die die Kreativität der Bewohner widerspiegeln. Überall um dich herum siehst du Menschen, die in Einklang miteinander und mit der Natur leben. Der Duft von frisch gebackenem Brot und blühenden Pflanzen erfüllt die Luft.

Die Energie der Gemeinschaft:

Während du durch die Straßen schlenderst, bemerkst du die lebendige Gemeinschaft der Indigo-Erwachsenen. Sie arbeiten zusammen in offenen, einladenden Räumen, die als kreative Werkstätten und Innovationszentren dienen. Hier werden Ideen ausgetauscht, Projekte entwickelt und Lösungen für die Herausforderungen der Menschheit erarbeitet. Du hörst das Lachen von Kindern und das geschäftige Treiben von Erwachsenen, die Hand in Hand an verschiedenen Projekten arbeiten.
In einem der Workshops siehst du Künstler, Lehrer und Wissenschaftler, die gemeinsam an einem Projekt arbeiten, das nachhaltige Energielösungen für die Stadt entwickeln soll. Ihre Leidenschaft und Kreativität sind ansteckend und du spürst die Energie, die aus ihrer Zusammenarbeit entsteht. Die Wände sind mit Skizzen, Plänen und inspirierenden Zitaten dekoriert, die die Vision einer besseren Welt widerspiegeln.

Bildung und Bewusstsein:

Du gehst weiter und gelangst zu einem Bildungszentrum, das von Indigo-Erwachsenen geleitet wird. Hier lernen Kinder und Erwachsene auf eine ganzheitliche Weise. Die Lehrmethoden sind interaktiv und basieren auf den Bedürfnissen der Schüler. Kreativität, emotionale Intelligenz und kritisches Denken stehen im Mittelpunkt des Lernens.

Die Kinder experimentieren mit neuen Technologien und lernen, wie sie ihre Fähigkeiten nutzen können, um die Welt zu einem besseren Ort zu machen. Du hörst sie lachen und diskutieren, während sie gemeinsam an Projekten arbeiten, die die Umwelt schützen und soziale Gerechtigkeit fördern. Die Wände sind mit bunten Zeichnungen und Projektergebnissen geschmückt, die die Vielfalt und Kreativität der Schüler zeigen.

Die Verbindung zur Natur:

Du beschließt, einen nahe gelegenen Park zu besuchen, der als Rückzugsort für die Gemeinschaft dient. Hier haben die Indigo-Erwachsenen einen Ort der Heilung und des Wachstums geschaffen.

Der Park ist ein Ort, an dem Menschen meditieren, Yoga praktizieren und sich mit der Natur verbinden können. Überall blühen Pflanzen und Bäume, und die Vögel singen in den Zweigen.

In der Mitte des Parks findest du einen großen Gemeinschaftsgarten, in dem die Menschen zusammenarbeiten, um Obst, Gemüse und Kräuter anzubauen.

Du siehst Familien, die gemeinsam pflanzen und ernten, während sie Geschichten austauschen und lachen. Die Kinder lernen von ihren Eltern, wie man nachhaltig anbaut und die Natur respektiert.

Kreativität und Innovation:

Du kommst an einem Platz vorbei, an dem eine Ausstellung von Kunstwerken und Erfindungen stattfindet, die von Indigo-Erwachsenen geschaffen wurden. Die Kunstwerke sind nicht nur schön, sondern auch funktional und umweltfreundlich. Du siehst Skulpturen aus recycelten Materialien und innovative Technologien, die das tägliche Leben verbessern. Ein Künstler erklärt dir, wie seine Werke aus dem Müll der Vergangenheit entstanden sind und nun als Inspiration für die Zukunft dienen.
Die Indigo-Erwachsenen haben ihre Talente genutzt, um nicht nur ihre eigenen Leben zu bereichern, sondern auch das Leben der Menschen, um sie herum zu transformieren. Ihre Kreativität hat eine Welle von Veränderungen ausgelöst, die in der ganzen Welt spürbar sind. Du spürst eine tiefe Verbundenheit mit den Menschen um dich herum und erkennst, dass jeder Einzelne eine wichtige Rolle in dieser Gemeinschaft spielt.

Ein Gefühl der Verbundenheit:

Während du all dies beobachtest, fühlst du eine

tiefe Verbundenheit mit der Welt um dich herum. Du spürst, dass die Indigo-Erwachsenen ihre Berufung leben und dadurch eine positive Veränderung bewirken. Ihre Leidenschaft, Empathie und Vision haben eine Welt geschaffen, die von Liebe, Respekt und Zusammenarbeit geprägt ist.

Du gehst zu einem kleinen Teich im Park, wo Menschen meditieren und sich entspannen. Du setzt dich auf eine Bank und beobachtest die Reflexion der Bäume und des Himmels im Wasser. Ein Gefühl der Dankbarkeit überkommt dich, während du die Schönheit der Natur und die Harmonie der Gemeinschaft um dich herum wahrnimmst.

Ein Fest der Kulturen:

Plötzlich hörst du Musik in der Ferne. Neugierig folgst du dem Klang und gelangst zu einem großen Platz, wo ein Fest der Kulturen gefeiert wird. Menschen aus verschiedenen Hintergründen und Traditionen haben ihre Stände aufgebaut, um ihre Speisen, Musik und Kunst zu teilen. Die Luft ist erfüllt von köstlichen Aromen und fröhlichem Lachen. Du siehst Tänzer, die in bunten Kostümen ihre Traditionen zum Ausdruck bringen, während andere die Klänge von Instrumenten spielen und die Geschichten aus der Vergangenheit erzählen. Du nimmst an einem der Stände Platz und probierst eine Vielzahl von Gerichten, die mit

Liebe und Sorgfalt zubereitet wurden. Während du mit anderen ins Gespräch kommst, spürst du die Verbindung, die über kulturelle Unterschiede hinweg besteht. Jeder bringt seine eigene Geschichte und seine eigenen Erfahrungen mit und gemeinsam schaffen sie eine bunte, harmonische Gemeinschaft.

Rückkehr in die Gegenwart:

Langsam beginnst du, dich von dieser inspirierenden Welt zu lösen. Du atmest tief ein und nimmst die Energie der Hoffnung und des Wandels mit zurück. Während du die Augen öffnest, fühlst du dich erfrischt und motiviert. Du weißt, dass auch du einen Beitrag leisten kannst, um diese Vision zu verwirklichen, indem du deine eigenen Talente und Gaben in die Welt bringst. Nimm dir einen Moment Zeit, um darüber nachzudenken, wie du deine Lebensaufgabe und Berufung in deinem eigenen Leben verwirklichen kannst. Denn jeder kleine Schritt in Richtung deiner Bestimmung kann dazu beitragen, die Welt zu einem besseren Ort zu machen. Du bist bereit, deine eigene Reise zu beginnen und die Samen der Veränderung zu pflanzen, die eines Tages zu einer blühenden Zukunft führen werden.

Indigo-Erwachsenen Selbsttest

1. Sensibilität und Empathie

Emotionale Wahrnehmung:

Fühlst du dich oft emotional überwältigt, wenn du in der Nähe von Menschen bist, die leiden oder traurig sind?

Hast du das Gefühl, dass du die Stimmung eines Raumes oder einer Gruppe sofort spüren kannst?

Empfindest du häufig eine tiefe Traurigkeit oder Freude, die nicht unbedingt deine eigenen Gefühle widerspiegeln?

Empathie

Fällt es dir leicht, dich in die Lage anderer Menschen hineinzuversetzen?

Hast du oft den Wunsch, anderen zu helfen,

selbst wenn es deine eigenen Bedürfnisse beeinträchtigen könnte?

Fühlst du dich unwohl, wenn du siehst, dass jemand Ungerechtigkeit oder Leid erfährt, selbst wenn es dich nicht direkt betrifft?

2. Kreativität und Intuition

Kreative Ausdrucksformen:

Hast du Hobbys oder Leidenschaften, die kreativen Ausdruck erfordern (z. B. Malen, Musizieren, Schreiben)?

Fühlst du dich oft inspiriert, wenn du Zeit in der Natur oder in kreativen Umgebungen verbringst?

Hast du das Gefühl, dass deine kreativen Fähigkeiten eine wichtige Rolle in deinem Leben spielen?

Intuition

Vertraust du häufig auf dein Bauchgefühl, wenn du Entscheidungen triffst, auch wenn es keinen logischen Grund dafür gibt?

Hast du schon einmal Vorahnungen oder

Eingebungen gehabt, die sich später als
richtig herausgestellt haben?

Fühlst du dich oft von bestimmten Orten
oder Menschen angezogen, ohne genau
zu wissen, warum?

3. Starkes Gerechtigkeitsbewusstsein

Gesellschaftliches Engagement

Setzt du dich aktiv für soziale oder
Umweltthemen ein (z. B.
Freiwilligenarbeit, Proteste)?

Hast du das Gefühl, dass es deine Aufgabe
ist, für die Schwächeren in der Gesellschaft
zu sprechen?

Fühlst du dich oft frustriert oder wütend
über Ungerechtigkeiten, die du in der Welt
siehst?

Werte und Überzeugungen:

Glaubst du, dass jeder Mensch das Recht
auf ein respektvolles und gerechtes Leben
hat?

Hast du das Gefühl, dass dein persönliches Verhalten (z. B. Konsumverhalten) einen Einfluss auf die Welt hat?

Fühlst du dich oft verantwortlich, deine Werte und Überzeugungen zu verteidigen, auch wenn das unangenehm ist?

4. Schwierigkeiten mit Autoritäten

Rebellion gegen Normen

Hast du Schwierigkeiten, dich an Regeln oder Vorschriften zu halten, die du als ungerecht empfindest?

Fühlst du dich unwohl oder frustriert in hierarchischen Strukturen (z. B. in der Schule oder am Arbeitsplatz)?

Neigst du dazu, Autoritäten zu hinterfragen, wenn du das Gefühl hast, dass sie nicht im besten Interesse der Menschen handeln?

Wunsch nach Freiheit

Hast du das Bedürfnis, deine eigenen Entscheidungen zu treffen, ohne dass dir jemand sagt, was du tun sollst?

Fühlst du dich oft gefangen in traditionellen Lebensweisen oder Erwartungen?

Hast du den Wunsch, deine eigenen Regeln und Lebensweisen zu definieren?

5. Spirituelle Suche

Interessen und Praktiken

Hast du ein starkes Interesse an Spiritualität, Meditation oder anderen spirituellen Praktiken?

Fühlst du, dass du auf der Suche nach einem höheren Zweck oder Sinn im Leben bist?

Hast du das Gefühl, dass es mehr gibt als das, was wir mit unseren physischen Sinnen wahrnehmen können?

Innere Reflexion

Nimmst du dir regelmäßig Zeit für Selbstreflexion oder Meditation, um deine Gedanken und Gefühle zu verstehen?

Hast du schon einmal spirituelle

Erfahrungen gemacht, die dein Leben verändert haben?

Fühlst du dich zu Themen wie Lebensphilosophie, Mystik oder alternativen Heilmethoden hingezogen?

6. Gefühl der Isolation

Soziale Interaktionen

Hast du oft das Gefühl, dass du anders bist als die Menschen um dich herum?

Fühlst du dich manchmal isoliert oder missverstanden, selbst in sozialen Situationen?

Suchst du aktiv nach Gleichgesinnten oder Gemeinschaften, um dich weniger allein zu fühlen?

Innere Konflikte

Hast du das Gefühl, dass deine Ansichten und Überzeugungen oft nicht mit denen der Mehrheit übereinstimmen?

Fällt es dir schwer, authentische Beziehungen aufzubauen, weil du das

Gefühl hast, dass andere dich nicht
verstehen?

Hast du manchmal den Wunsch, dich
zurückzuziehen, weil du dich in der Gesellschaft
nicht wohlfühlst?

Auswertung Selbsttest

Zähle die Anzahl der Fragen, die du mit „Ja" beantwortet hast. Je mehr Fragen du bejaht hast, desto stärker könnten die Merkmale eines Indigos in dir ausgeprägt sein.

1-5 Ja-Antworten:
Möglicherweise hast du einige Eigenschaften eines Indigo-Erwachsenen, aber sie sind vielleicht nicht dominant in deinem Leben.

6-10 Ja-Antworten:
Du könntest einige starke Merkmale eines Indigo-Erwachsenen aufweisen und dich möglicherweise in vielen dieser Bereiche wider erkennen.

11-15 Ja-Antworten:
Es ist wahrscheinlich, dass du eine starke Indigo-Natur hast und viele der typischen Eigenschaften und Herausforderungen eines Indigo-Erwachsenen erlebst.

16-20 Ja-Antworten:

Du identifizierst dich wahrscheinlich stark als Indigo-Erwachsener und erlebst viele der damit verbundenen Merkmale und Herausforderungen intensiv.

Reflexion und nächste Schritte:

Egal wie viele Fragen du mit „Ja" beantwortet hast, es ist wichtig, deine eigene Identität und deine Erfahrungen zu akzeptieren. Falls du dich in vielen dieser Merkmale wider erkennst, könntest du in Betracht ziehen:

Dich weiter mit dem Thema Indigo-Erwachsene zu beschäftigen, um mehr über dich selbst zu erfahren.

Dich mit Gleichgesinnten austauschen, um Erfahrungen zu teilen und Unterstützung zu finden. Spirituelle Praktiken oder kreative Ausdrucksformen erkunden, um deine Sensibilität und Intuition zu fördern.

Denke daran, dass jeder Mensch einzigartig ist und die Erforschung deiner Identität eine wertvolle und lohnende Reise sein kann.

Schlusswort

Akzeptiere deine einzigartigen Eigenschaften und Fähigkeiten. Du bist nicht allein mit deinen Erfahrungen und Empfindungen. Viele Menschen teilen ähnliche Herausforderungen, Fragen und Einsichten. Es ist wichtig, dass du lernst, dich selbst wertzuschätzen und zu erkennen, dass deine Sensibilität und Intuition keine Schwäche, sondern kraftvolle Gaben sind. Sie ermöglichen dir, dich tief mit anderen zu verbinden und die Welt auf eine ganz besondere Weise wahrzunehmen.

Deine Empathie und dein intuitives Wissen sind wertvolle Ressourcen. Sie können dir nicht nur helfen, deinen eigenen Weg zu finden, sondern auch anderen in ihrem Leben eine Stütze sein. Lerne, gesunde Grenzen zu setzen, um dich vor emotionaler Überforderung zu schützen. Als Indigo-Erwachsener nimmst du die Gefühle anderer oft intensiv wahr. Deshalb ist es essenziell, dir regelmäßig Rückzugsorte zu schaffen und zu wissen, wann es Zeit ist, dich selbst zu nähren und deine Energie zu regenerieren.

Grenzen zu setzen bedeutet nicht, egoistisch zu sein. Es bedeutet, dich selbst zu achten und dein inneres Gleichgewicht zu bewahren. Reflektiere, welche Situationen oder Menschen dir Energie entziehen und finde achtsame Wege, dich davor zu schützen.

Vertraue auf deine Intuition. Sie ist eine weise innere Stimme, die dich leiten kann. Nutze die Meditationen, Atemübungen und Rituale aus diesem Buch, um deine intuitive Kraft zu stärken. Je mehr du dich mit deinem Inneren verbindest, desto klarer wirst du die feinen Impulse wahrnehmen, die dir helfen, stimmige Entscheidungen zu treffen.

Achte bewusst auf dein körperliches, emotionales und spirituelles Wohlbefinden. Eine nährende Ernährung, regelmäßige Bewegung, tiefe Atmung, Schlaf und bewusste Selbstpflege sind die Basis für dein inneres Gleichgewicht. Praktiken wie Yoga, Meditation, Achtsamkeit oder energetische Reinigung helfen dir, dich immer wieder in deine Mitte zurückzuführen. Wenn du auf die Signale deines Körpers hörst, baust du ein starkes Fundament für dein spirituelles Wachstum.

Verstehe, dass der Weg der Selbsterkenntnis und spirituellen Entwicklung Zeit braucht. Sei geduldig mit dir selbst und vertraue deinem Tempo. Jeder Schritt auf deinem Weg, ob leicht oder herausfordernd, ist Teil deiner persönlichen Entfaltung. Rückschläge sind keine Fehler, sondern Lehrmeister, die dich einladen, noch tiefer zu gehen. Du darfst dir selbst die Erlaubnis geben, in deinem eigenen Rhythmus zu wachsen.

Nutze die Gelegenheit, deine Spiritualität weiter zu erkunden. Lies Bücher, besuche Workshops, höre inspirierende Podcasts oder tausche dich mit Gleichgesinnten aus. Du wirst feststellen, dass der Austausch mit anderen Indigo-Seelen dich stärken und inspirieren kann. Gemeinsam lässt sich dieser Weg oft leichter und freudvoller gehen.

Du hast dieses Buch nicht zufällig in den Händen gehalten. Vielleicht war es ein Impuls, eine innere Stimme oder ein Moment der Sehnsucht, der dich hierhergeführt hat. Was auch immer es war, es war ein Ruf deiner Seele, dich selbst besser zu verstehen und in dein wahres Licht zu treten.

Mögest du deinen Weg voller Vertrauen, Kraft und Liebe gehen. Mögest du erkennen, dass du nicht hier bist, um dich anzupassen, sondern um zu erinnern, zu heilen, zu inspirieren und zu leuchten. Die Welt braucht genau dich in deiner ganzen Authentizität.

Versuch dich nicht anzupassen um irgendwo reinzupassen, wo du nicht hingehörst.

Lebe deine Einzigartigkeit und strahle deine Energie aus.